ソロヴィヨフ著作集 5

三つの会話

戦争・平和・終末

〔改訂版〕

御子柴道夫訳

解説　鷲巣繁男

刀水書房

ソロヴィヨフ著作集 第五巻 目次

装幀＝高麗隆彦

三つの会話

戦争・平和・終末

今はなき青春時代の友
ニコライ・ミハイロヴィチ・ロパーチンと
アレクサンドル・アレクサンドロヴィチ・ソコロフに捧ぐ

序

悪とは、単なる自然的な欠陥および不完全さにすぎず、善が育つにつれておのずから消滅してゆくものなのか、それとも誘惑という手段でこの世を支配している現実的な力であって、この力との闘いに勝利を収めるためには、存在の別の次元に支柱をもたねばならない類いのものであるのだろうか？　この重大な問題を明確に研鑽し解決できるのは、ただ完璧な形而上学的体系の中においてだけであるのだ。思弁を好み、またその能力を有している人々のために、かつて私はこの問題に着手した（原註1）。だがその時、悪に関する問題が全ての人にとってきわめて重要な問題であることを痛感した。ほぼ二年ほど前、私はある特別な精神的転換を味わった。そのことをここで云々する気はない。だがその時私の中に、悪に関する問題のうちであらゆる人に関係のある重要な面を、明瞭にわかりやすく説明したいという強い執拗な願望が湧きつのってきた。

原註1　この課題の序論を私は『理論哲学』（一八九七―九九）の最初の諸章の中で展開した。

長いこと、私はその企てを実行するのにふさわしい形式を見いだすことができなかった。ところが一八九九年の春、海外にあって、忽然と構想が湧いてきて、数日のうちにこの問題に関する

第一話を書上げた。ついでロシアに戻って、他の二つの話も書き終わった。そういうわけで、この会話体の形式は、私の言いたいことを最も簡潔に表現するものとして、おのずから生じてきたものなのである。世間話というこの形式を見ても十分にお判りのように、この書の中に学問上の哲学的な研鑽とか宗教的なお説教とかの類いを求める必要はまったくない。この書での私の課題は、むしろキリスト教護教論に近く、いわば教義論争的なものである。私がしたかったのは、悪の問題と結びついたキリスト教真理の重大な側面を、できるかぎり明白に提示することであったのだ。この重大な側面は、様々の側から霧で覆われているものであり、昨今は特にそれが著しいのである。

私は数年前、東方諸県のある地方で発生した新しい宗教に関する記事を目にしたことがある。この宗教の研究家たちは、これを穴信仰教《ヴェルティドウィルニキ》とか穴祈禱教《ドウイロモリヤン》とか名づけた(訳註1)。その宗教とは次のようなものである。つまり、この宗教の信徒たちは、農家の壁の暗い隅に中位の穴を穿ち、それに唇をあて、幾度となく執拗に「わが住処よ、わが穴よ、我を救い給え!」と繰り返すのである。敬神の対象が、このように極端に単純化されたことは今までになかったように思われる。だが、ありふれた百姓小舎や、人間の手で小舎の壁に穿たれたただの穴を神として崇めることが明らかな迷信であるとしても、これは筋の通った迷信だと言わなくてはならない。つまりこれらの信徒たちはひどく狂気じみたふるまいをしたにせよ、他の誰をもこの迷信の中にひきずり込むことはしなかったのだ。彼らは小舎のことはその通りに小舎と呼んでおり、壁を穿った場所のことはちゃんと穴と名づけていたのだ。

けれども、穴祈禱教は、まもなく『進化』して、『変貌』をとげた。それは、新しい様相に変わっても、やはり従来の宗教思想の薄弱性、および哲学上の関心の度合の狭隘さ、それに昔どおりの低俗なリアリズムを保持している。ところがそれは以前のように筋の通ったものではなくなったのである。今やその百姓小舎には『地上の天国』という呼称が与えられ、穴は『新しい福音』と呼ばれるようになり始めたのだ。そして何にも増して悪いことは、この偽りの福音と真の福音との相違——それは丸太に穿たれた穴と生きている樹木全体との間の相違とまったく同じ相違であるが——この本質的な相違というものを、新しい福音主義の教徒達はひたかくしに隠したり、あるいは口先きでごまかそうとしているのだ。

もちろん私が主張しているのは、穴祈禱教の初期の宗派および偽りの神の国や偽りの福音の宣教との間の歴史的もしくは『発生史』的な関連性などではない。このことは、私の素朴な企てにとっても重要ではない。その企てとは、これら二つの教理が（今までに指摘したような道徳的・精神的な差異はあるにせよ）本質的には同一ものであるということを明白にするということである。そしてこの場合、どの点が同一なのかと言うと、両者ともその『世界観』は完全にネガティヴで無内容なものなのである。『インテリゲンチャ』の穴祈禱教徒たちは、自分らを穴祈禱教徒とは呼ばずにキリスト教徒と自称しており、その説教を福音だと称している。だがしかし、キリスト不在のキリスト教、および宣教に値するような恩寵を有さぬ福音（良きおとずれ）、すなわち至福を与え、生命に満ち満ちた現実上での復活というものに関係のない福音などは農家の壁のありふれた穴同様に、何の役にもたたぬ空虚な場所にほかならない。理性論的なこの穴の上に偽りのキリスト教の聖旗を掲げ、か弱い多くの群集をまどわし誘惑することさえないのなら、このような問題を云々する必要などない。ところが、キリストは老いぼれて、既に超克されてしまったとか、あるいはキリストなどまったく存在しておらず、使徒パウロによって虚構された神話にすぎぬと腹の中で考えたり、ひそかに主張したりしている人々が、同時に『真のキリスト教徒』だと自称して、勝手に作り変えた福音書の言葉でその空虚な場所の教えを覆い続けているのだ。ここまで来た以上もはやこの現象に無関心でいたり、これを寛大に見逃す余地はない。組織的な虚偽が道徳的な雰囲気を汚染する様相を示すにつれ、この悪しき出来事の化の皮を剝ぐようにという社会的良心の要求が高まってきている。したがってここでの論争の真の課題は、偽りの宗教を反駁することではなく、その宗教の実際の欺瞞を暴露することなのである。

この欺瞞には弁明の余地がない。この問題を公表するにあたって、宗教上の検閲により発禁の浮き目を見た三つの論文(訳註2)の作者である私、および数多の海外書籍や小冊子、仮綴本のこれらの出版元に対して、外部からの妨害が加えられるという由々しき懸念はありえないはずだ。わが国にまだ残っている宗教上の自由の制限は、私にとって最大の精神的な苦痛の一つである。なぜなら、これらの全ての外的な圧迫は、それを蒙っている者に苦痛と害を及ぼすにとどまらない。それは主としてロシアでのキリスト教活動、したがってロシアの民衆、ひいてはロシア国家にとっても有害で苦悩をもたらすものであるのだ。

　しかし外部からどのような迫害が加えられようとも、信念と良心を有した人間が、その信念を断固と表明するのを妨害することはできない。もし国内でそれを主張することができぬとしても、海外でならばできる。然り、事態が政治とか宗教の問題にまで発展する際に、この可能性を最大限利用しているのが、偽りの福音の宣教者たちにほかならないのだ。だが主要な原則的な問題に関しては、自分らの誠意と信念を守るために外国にまで出かけるには及ばない。どのようなものであれロシアの検閲によって、有してもいない信念を表明させられたり、信じてもいないのに信じているふりをさせられることはないし、軽蔑し憎悪しているものを愛し尊敬しているように見せかけることを強制させられはしないのだから。この空虚な教義の宣教者らが、ある歴史上の人物（キリストのこと――訳者）とそのわざとに関して自己の良心に従い反対の立場を貫こうとするのなら、ロシアではただ一つのことを守ればよい。つまりこの人物に関しては口を閉ざし、『無視』してしまえばよい。ところが何と奇妙なことか！　彼らはこの問題に関し、祖国での沈黙の自由を行使しようともしないし、海外での言論の自由を利用しようとも欲しない。いたる所で彼らは、キリストの福音に従っているように見せかけている。彼らは、キリスト教の始祖に対する自分達の本当の関わり方を――つまり、キリストは彼らにはまったく無縁、無用のものであり、ただ邪魔になるばかりだということを――直接に断固とした言葉で表明もせず、かといって間接的に沈黙という雄弁な手段で正直に示しもしない。

彼らの観点よりすると次のようなことになる。つまり、彼らが宣教していることは、万民にとって自明の理なのであり、望ましく、救いとなることであるのだ。彼らの『真理』は何ものからも独立した明々白々たるものである。仮りに、ある歴史上の人物がその真理と合致したとしても、それはその人物にとって利となるにすぎぬ。だがだからといって、その人物が彼らにとって最高の権威者となりはしない。ことに、この人物が、彼らの目に『誘惑』および『狂気』として映じるようなことを数多発言したり行なったりしたなら、なおさらそうであるのだ。

もし彼らが人間の無力さを痛感し、自分たちの信仰を、彼ら自身の『理性』以外の何かの歴史上の権威によって支えたいという無理もない要求を感じているのであるなら、どうして他の、もっと彼らにふさわしい人物を歴史上に探そうとしないのだろうか？　事実そのような人物はずっと以前に既に出現しているではないか——つまり、広範に普及した仏教という宗教の宗祖が。そもそもこの人物は、無抵抗だとか自若だとか無為、禁酒だとかいうような彼らに都合のよい教えを実際に宣教したのだ。しかもこの人物は、受難を味わうことなく、その宗教にとって『輝かしい成功』（原註2）をおさめたのだ。仏典が実際に唱えているのは空無なのである。そしてこれと同じことを宣教している現代の新興宗派が仏典と完全に一致するためには、ただ枝葉をはらって簡素になりさえすればよいのだ。ところが、ユダヤ人やキリスト教徒の聖書というものは、これとは逆に、古代の空無も現代の空無も否定するようなポジティヴな霊的内容で貫かれ、また満たされているものなのだ。そして、空無の教義を福音書や予言書の何らかの言葉と結びつけるためには、この言葉を聖書全体からも、その前後のコンテクストからも不当に引き離してしまわざるを得ないのである。

原註2 これは私の表現ではない。

ところが一方、仏教の教典は好都合な教話や伝説でぎっしりと詰まっている。そしてこれらの教典中には、現代の新興宗派と対立するようなものは、本質の上からも、また精神の上からも、まったく含まれていないのである。『ガリラヤのラビ』(キリストのこと——訳者)を釈迦族の隠者(釈尊のこと——訳者)にとりかえたからといって、偽りのキリスト教徒たちは、実際には何一つ失いはしまい。むしろ何か非常に重要なものを得ることであろう。少なくとも私は考えるのだが、それによって彼らは、たとえ迷妄に陥っても良心的に思惟し、ある程度探究的になることであろう。ところが彼らはこのことを望まない……。

この新興『宗教』の教理の無内容、ならびにその論理的矛盾には、目にあまるものがある。そしてこの面より私は、この教理の内容を簡単に、だが完全に並べあげざるを得なかった(第三の会話の中で)。それは明らかに相互に矛盾しており、この書の中の公爵のような度し難い人物以外には誰の心も惹くことはないであろうが。しかし、事物の他の面に対し誰かの眼を向けさせ、この死せる教理が全体においてまったく道徳的・精神的なペテンにすぎないということを、欺されてはいるがまだ死んでいないある人々の霊魂に感じさせることができるなら、この小著の論争的な目的は達成されたと言えよう(訳註3)。

また私は次のことを深く確信している。すなわち徹底的に歯にきぬ着せぬ破邪顕正の言葉というものは、たとえそれが今すぐに世人に良い影響を与えることがなくても、また、発言者が主観的に道義的な義務を果たしたということを別にしてさえ、社会生活にとって霊的・感覚的な衛生手段の役割を果たし、それは現在のためにも未来のためにも本質的に有益なものとなろうということを。

次のようなポジティヴな意図が、これらの会話の論争的な課題と結びついている。それは、悪との闘いという問題を提示し、歴史の意味を解明することである。その意図は三つの異なった観点より展開させられる。それらの観点の第一のものは過去に属しているものであり、宗教的・世俗的な観点である。それは主として第一の会話において将軍の言葉の中に出てくる。第二のものは、現代を支配している文化的・進歩的な観点である。これは主として第二の会話の中で政治家の口をかりて論述ならびに弁護される。そして第三のものは、絶対的・宗教的観点であり、未来において決定的な意義を表わすはずのものである。この観点は、第三の会話中でZ氏の考えおよびパンソフィイ教父（汎神智の意——訳者）の物語において示される。私自身は究極的には第三の見解に立つものである。だが、他の二つの見解にも相対的な真理を認める。だから第三の見地とは対立する政治家と将軍の考えや発言をも、偏見にとらわれずに同等に伝えることができた。至高の絶対真理というものは、その真理が現われるための前提となる諸条件を除外したり否定したりはしない。逆にそれらの条件を正当づけ意義づけ、解明するのである。もし、ある見地より見て、全世界の歴史が神の全世界的な審判——die Weltgeschichte ist das Weltgericht——であるとすれば、このような審判の概念中には、善き歴史的な力と悪しき歴史的な力との多年に渡る複雑な角逐（プロセス）が含まれているのだ。そしてこれらの力がその生存をかけて激しく闘うことも、また世界の文化が内的につまり平和的に発展することも、この角逐の最後の決戦のためには、等しく必要な前提となるのだ。だから、至高の真理の前には、将軍も政治家も共に正しい。そして私はどちらの見解にも心から賛同した。絶対的な不正というものは、ただ悪および虚偽の原理そのものをさすのであって、軍人の剣や外交官のペンのような虚偽や悪と闘うための方法をさすのではない。これらの武器は、ある条件のもとでそれが現実に目的にかなったものかどうかという点で評価されなくてはならない。そしてその都度、時節にかなうものの方が、つまりよりうまく善に役立つものの方が、良いものなのである。かつて府主教アレクセイはタタール軍とロシア諸侯とを平和的にとりなした。ところがセルゲイ師は、タタール軍を襲撃するドミートリイ・ドンスコイの武器に祝福を与えた（訳註4）。だが両者とも、多種多様の様相を持つ同一の善に等しく奉仕していたのである。

悪について述べ、また和戦両手段による悪との闘いを論じたこれらの『会話』は、歴史上に悪が端的な形をとって最終的に出現し、しばらくの間勝利を得るが、やがて決定的に滅亡するという構想で大団円になるはずであった。私は最初、この大詰めも他のテーマと同様、冗談をまじえながら会話体で述べていた。しかし、親切な批評を受けて、このような論述方法がこの場合二重の意味で不都合なことに気づいた。というのは、まず第一に対話に要求される間とか合の手とかが物語の盛り上がりを妨げるのである。第二に会話の通俗的な調子、特に冗談めいたその調子が、テーマの有する宗教的意義にふさわしくないのである。確かにそのとおりであるので、私は第三の会話の中に、既に故き修道僧の手記『反キリストに関する短篇物語』をそっくり挿入し、その会話を編集しなおした。この物語（以前に私はそれを公開朗読した）は、社会にも出版界にも少なからぬ疑惑と曲解とを呼び起こした。その主要な理由は簡単至極である。つまり、わが国では、反キリストに関する神のことばや教会伝承が一般にあまりよく知れ渡っていないためなのだ。

宗教的な僭称者としての反キリストの内的な意味とは次のようなものである。つまり彼は霊的な偉業によらず、『掠奪』によって神の子たる資格を得る。そして真偽まじわる奇跡で人々をたぶらかしている偽予言者と手を結ぶ。彼は悪の力の働きによって全世界の王という外的な地位を獲得するが、その出生は暗い、きわめて罪深いものである。彼およびその偽予言者を特徴づけるある種の個人的な特性を帯びた彼の行動の一般的な行程と結末は、たとえば『天より火を呼び寄せ』たり、二人のキリストの証人を殺害し、その死体をエルサレムの街頭にさらしたりすること等である。そしてこれらのことは全て神のことばや古い伝承の中に見いだされるものであるのだ。細事に渡って詳説したり、歴史上の考証に基づいたり、暗示的な想像へと私が走ったのは、事件の関係を明白にし物語をわかりやすくするためなのだ。

地下の声や花火を用いる世界的規模の魔術師が企む半心霊術的半奇術的詭計のような、空想的な出来事に対して、もちろん私は重大な意味を担わせているわけではない。したがってこれに関しては、世の『批評家』の先生方から同様の批評をされるであろうと予測したのは誤っていなかったと思う。もう一つのはなはだ本質的な問題——つまり公会議席上での教会内部での三つの擬人化された信仰告白の描写——に関しては、教会史および教会生活と無縁でない人々だけが注目しまた評価することであろう。

啓示によって示される偽予言者の性格や、またその際直接に表示される彼の使命——反キリストのために人々を汚染すること——より察するに、彼はあらゆる妖術的な策略とペテン師的な性格を有しておらねばならない。また周知のように dass sein Hauptwerk ein Feuerwerk sein wird（彼の主な仕事は花火を扱うこと）であることは確かだ。『また、大いなるしるしを行って、人の前で火を天から地に降らせることさえした』（ヨハネの黙示録一三章一三節）このような奇跡を行なうための魔術的・機械的な技術は、今の私達には予測できぬが、二、三世紀さきには現在よりははるかに進歩するであろうことだけは確実である。ではそのような進歩にともなって、この魔術師が今度は何を行なうであろうか。このようなことは推測すべくもない。私の物語はある具体性を帯び、また細微に渡っている。だが、それはこの物語を粗笨《そほん》な図式にとどめずに、本質的で確実な諸事項を明確に説明しようと意図したためにほかならない。

汎蒙古主義およびアジア民族のヨーロッパへの進撃に関する私の所説においても、やはりその本質面と副次的な細部とを識別する必要がある。しかしむろん、ここで述べられている最も重要な事実も、未来における反キリストと偽の予言者の出現ならびに運命ほどの信憑性は有していない。蒙古とヨーロッパの関係史の部分では、十分に確かな根拠を数多利用してはいるが、聖書から直接に引用したものはない。概してこの歴史は、事実上のデータに基づいて、おそらく確かであろうと思われるものを組み立てた。この想定はかなりの確実性を有していると私自身は思っている。しかも私一人にとどまらず、もっと重要な要職にある人々もそう考えているらしい……物語を首尾一貫させるために、来たるべき蒙古の脅威というこの想定に種々の粉飾を施さざるをえなかったが、むろん私はその粉飾に固執するものではなく、またそれらを悪用せぬように努めた。私にとって重要なのは、押し迫っている二つの世界の恐るべき衝突をよりリアルに正確に描き出し、そのことによって、ヨーロッパ国家間の平和ならびに真の友好が絶対に必要だということを明白に解明することであった。

私は、究極的な最期の時が来る以前には戦争をまったくなくすことは不可能だと思っている。だがそれでも、全てのキリスト教国家ならびに国民が固く手を結びあい、平和裡に協力しあうことは、可能であると考えている。それのみならず、そのことは、キリスト教世界にとって諸々の低次元の力が侵蝕してくるのを防ぐ、精神的・道徳的に必要不可欠な救いの道だと思っている。

話を冗長で複雑にしないために、私は会話の中からもう一つの予言を省いてしまった。そのことに関し、二、三言つけ足しておこう。私の考えでは、西アジアやアフリカの中部および北部のイスラム教徒達が決起して、いくつかのヨーロッパ諸国に対して執拗な激しい闘いを挑むようになり、それによって汎蒙古主義はかなり早く容易に成功をおさめるに到るはずである。その際、宗教的・政治的な結社セヌーサのしつこく隠密な活動が予想外に大きな役割を果たすであろう。この結社は、現状のイスラム教運動にとって指導的な意義を有している。そしてその意義は、仏教世界にあって、ラサに本部を置きインド、中国、日本に支部を置いたチベットの結社ケランが持っていたのと同様の意義であるのだ。私は、仏教や、ましてイスラム教に対して絶対的な憎悪を抱くものではない。しかし、この世には事態の真の状況および押し迫っている将来の状況から目をそらせようとしている物好きがあまりにも多い。そして私はそのような連中とはちがうのである（原註3）。

原註3　ところで、ネオ・仏教主義の創始者、故E・P・ブラヴァツカヤ女史に対する敵意をもった暴露論文が私の筆によるものだと言い伝えられ続けている。これに関し私は次のことをここに表明したい。私は彼女と一面識もない。彼女の個人的性格のことや彼女が成した出来事に関し、研究したことも、暴露したことも、また印刷にふしたことも一度もない（『神智学協会』ならびにその教理に関しては、ヴェンゲロフ辞典中の私の記事とブラヴァツカヤ女史の著書『Key of the secret doctrine（神秘教理入門）』に対して『ロシア評論』誌に掲載した私の書評を参照にされたい）。

人類の大半を支配している歴史上の力に、軋轢と混沌とが押し迫っている。そしてそれ以前に、己が身を自分で引き裂いているこの獣の上に新しい首が——つまり全世界を統一する反キリストの権力が——生えでてくるのだ。この首は『大言を吐き、汚しごとを語り』（ヨハネの黙示録一三章五節参照――訳者）、その大詰では、極度の無法という秘密をかくすために、それに真と善のまばゆい覆いをかけるのである。それは、聖書のことばによると、もし可能なら選ばれた人人をも誘惑して完全に変節させてしまうためであるのだ。底無しの悪を秘め匿しているこの偽りの人物を前もって暴露することこそ、この書を著わすにあたって、私が企てた真の意図である。

私は、一八九七年と一八九八年に公表された（『ルーシ』誌上で）一連の小論文を、この三つの会話につけ加えた（訳註5）。これらの論文の幾つかは、今までに私が書いたもののうちでも秀作の部類にはいる。それらの諸論文はその内容上、三つの会話の中心思想を補足し解明するものである。

最後に、現代のエルサレムの地形に関する私の考えを補い訂正して下さったA・P・サロモン氏、一八七七年に見聞なさったトルコ非正規軍の『勝手裡《かって うち》』のことを私に知らせて下さったN・A・ヴェリヤミノフ氏、および、第一の会話中の将軍の話を詳細に検討し、戦術上の誤謬――既に修正ずみ――を指摘して下さったM・M・ビビコフ氏に深く感謝する次第である。

このように訂正をほどこしたが、この書の中にまだ様々な欠陥が存することを私は十分に自覚している。しかし、蒼白い死の影がかなり近くまで私の身に迫っており、それがこの小冊子の刊行をあてもなく引き延ばすべきでないとひそかに忠告してくれているのを私は感じている。もし私に新しい仕事にとりくむ時間が与えられるなら、それをこの書の完成に用いたいと思う。仮りに駄目だとしても、来たるべき精神的・道徳的な闘争の歴史的結末を、簡単にではあるが十分にはっきりと描くことができたと思う。私は今、道義的な義務を果たし得たという感謝の気持をもってこの小著を世に贈る（訳註6）。

一九〇〇年　復活祭

序文訳註

1　この宗派は、分離派教徒の流れを汲み、一七世紀末に発生したスパーソフ宗派（ネートフ宗派）の極右分子が分離して創始したもの。スパーソフ宗派は正教の聖職制も機密（秘跡）も認めず、ただ『救済』は祈禱によって『救世主』に期待する以外には与えられないと主張する。この宗派のうちでも洗礼を拒否する極端な儀式否定派が農民の土俗信仰と結びついて創始したのが穴祈禱教である。通常彼らは穴教徒《ドウイルニキ》と呼ばれる。その実態は本文中にあるとおりである。

2　ソロヴィヨフの著書のうち、宗務院により発禁の浮き目を見たのは次の三冊である。
『神政制の過去と未来』（一八八七年、現在のユーゴスラヴィアのザグレブで発行、ロシア語）
『ロシアのイデヤ』（一八八八年、パリで発行、フランス語）
『ロシアと普遍教会』（一八八九年、パリで発行、フランス語）

3　ここで批判されている『新興宗教』とは、いうまでもなくトルストイ主義の教えのことである。

4　アレクセイ府主教もセルゲイ師もロシア教会の聖人位にあげられている。一四世紀初頭、初代モスクワ府主教ピョートルならびにその後継者アレクセイは、サライを訪問し汗と会見し、タタール軍（一三世紀初頭にロシアに侵入してきた）との間に一種の平和条約の類いのものをとりむすんだ。その後、半世紀ほど後にモスクワ公国のドミートリイ・ドンスコイは、クリコヴォの戦いでタタール軍を打ち破るのであるが（一三八〇）、それに際し、ラドネッツの町の修道士セルゲイに助言をあおいだ。このセルゲイはロシア最大の聖者の一人として敬われるようになり、エピファニオが書いた伝記も残っている。

5　一九〇〇年ペテルブルグで発刊された『三つの会話』には、いわゆる『日曜書簡』という表題で編集された小論文二二篇が収録されている。すぐれた論文も少なくないが、分量および読者の興味という点を考慮して、訳者はこの選集の中に加えなかった。

　以下にそれらの論文の表題だけを並記しておく。

『民衆《ナロード》の一家《セミヤー》』（一八九八）『良心の覚醒』（一八九八）『ロシア語について』（一八九七）『ロシアとは何か』（一八九七年）『いわゆる諸問題について』（一八九七）『誘惑について』（一八九七）『忘れ去られた課業《ウローク》』（一八九七）『第二回宗教会議』（一八九七）『文学か真理か？』（一八九七）『天か地か？』（一八九七）『キリスト甦り給えり！』（一八九七）『良心的な無信仰について』（一八九七）『婦人問題』（一八九七）『東方問題』（一八九七）『二つの潮流』（一八九七）『盲目と失明』（一八九七）『ドグマの意義』（一八九七）『ネメシス』（西米戦争に関して、一八九八）『百年後のロシア』（一八九八）『ロシア民衆の霊的状況』（一八九八）

6　この序文には、ウラジーミル・ソロヴィヨフの弟、ミハイル・ソロヴィヨフの次のような註が附されている。

　「この序文は、最初『偽りの善について』と題され、『ロシア』誌上に掲載された。『三つの会話』を単行本として出版するに際し、ウラジーミル・ソロヴィヨフはその論文を大はばに修正した。しかしこれらの修正のうちのあるものは人々の目には不必要なもののように映った。それで友人の忠告に従い、あまりにも個人的な性格を帯びているように思われる、『蒼白い死の影がかなり近くまで私の身に迫っており』云々の部分は消し去られた。だがあまりに早く適中したこれらの言葉は、修正ずみの草稿の中にそのまま再び残した方がよいであろう。

＊　＊　＊

地中海の紺青の深海を見おろす、アルプスの山麓に密集している別荘群の一つの庭先きに、この春たまたま五人のロシア人があい集まった。一人は年老いた武人の『将軍』。もう一人は、国政上の理論活動および実際活動からは隠退している『貴族院議員』――私は彼を『政治家』と呼ぼう。その他に若い『公爵』がいた。彼はモラリストであり、またナロードニキであって、道徳問題や社会問題に関する大小様々な立派なパンフレットを出していた。それにあらゆる人間問題に関心を示す中年の『婦人』。その他にもう一人、年齢も社会的地位も不明の紳士――私は彼を『Z氏』と呼ぼう――がいた。私自身は黙って彼らの会話を傍聴していた。ある種の話題は私の興味を惹いたので、忘れないうちにすぐさまそれをメモしておいた。

最初の会話は、私がいない間に始っていた。戦争および兵役に反対する文書キャンペーンをとりあげた何かの新聞論説かあるいはパンフレットかに関して話されたそうだ。このキャンペーンはトルストイ伯の意を継いでスウトネル男爵夫人とステッド氏が最近行なっているものである（訳註1）。この運動をどう思うかという婦人の質問に対して、『政治家』はこれは穏健な運動であり、有益なものだと答えた。すると突然将軍が立腹しだし、この三人の作家を罵倒し始めた。彼らを国家の知恵を代表する本当の物見柱だと皮肉り、また政治の地平線上に現われた導きの星だと呼び、ついにはロシア国土の三頭鯨だとさえ言った。それに対して政治家は、「いや、他の魚だっておりますよ」と注意した。ところがなぜかZ氏がこの言葉にひどく喜んでしまった。彼自身の言うところによると、彼は二人の論敵に、鯨は魚だと思っていたと告白させた。そして魚とは何かという問題に対し、一部は海軍省に、一部は水運局に属する生きものだという一致した見解を導き出すにまで至ったというのだ。だが私は、これはZ氏自身のつくり話だと思っている。いずれにせよ私には、会話の最初がどうであったかを再現することはできなかった。プラトンとその模倣者のように自分の頭で創作してしまう決心がつきかねたので、私は、談話者たちのもとに近づきながら最初に耳にした将軍の言葉からこの記録を始めることにした。

訳註

1 ベルタ・フォン・ズットネル（一八四三――一九一四）はオーストリアの女流作家。レフ・トルストイらと文通し、雑誌『Die Waffen nieder！』（『武器を棄てよ！』）を発刊して徹底的な反戦運動を展開した。

第一の会話

Audiatur et prima pars.

（第一面も拝聴すべきなり）

将軍　（激昂し、立ちつ坐りつ、めまぐるしいゼスチャアで）いや、おねがいだ！　一言だけ答えてくれ給え。キリストの旗のもとにある（訳註1）栄えあるロシア軍隊は現在でも存在しとるのかね、してないのかね？　イエスかノーか？

政治家　（寝椅子に悠然と身を横たえ、エピキュロス派の楽天的な神々とプロシャ軍の大佐、ならびにヴォルテールをごちゃまぜにしたような調子で喋る）ロシア軍が存在しているかですと？　存在しとるに決まってますとも。軍隊が廃止されたという話でもありますのかな？

将軍　茶化さんでくれ！　わしが言わんとしとることは百もご承知じゃないか。わしが聞いとることは、現在の軍隊をキリストの旗のもとにある軍隊として今まで通りに敬ってもよいものか、それともこの呼び名はもはや不当であって、他の呼び方に変えるべきなのかということなのだ。

政治家　えっ……あなたはそんなことをご懸念なさっていたのですか！　それなら、この問題はおかど違いですな。爵位局にでも問い合わせた方がよろしいでしょう。あそこじゃいろいろな称号を扱っておりますからな。

Z氏　（腹に一物ありげに）爵位局では将軍殿のそのような問い合わせに対して、おそらく従来通りの呼称を用いても法律上差しつかえないと答えるでしょうよ。キプロス最後の皇子のルジニャンは、キプロス島を統治しておらず、健康の上からもふところ具合からも、キプロス産のブドウ酒を飲むことができませんでしたが、キプロス王と称しても差しつかえなかったではありませんか？　それなら現在の軍隊に、キリストの旗のもとにある軍隊という称号をつけて、どうして悪いことがありましょうかな？

将軍　称号をつけるじゃと！　ならば、白いとか黒いとかいうのは称号なのかね？　甘いとか苦いとかいうのは、ありゃ称号なのかね？　英雄だとか卑怯者だとかいうのも称号なのか？

Z氏　そもそも称号というものは自分でつけるものじゃなくて、法を監視しとるお偉方がつけるものなのですよ。

婦人　（政治家に向かい）どうして言いまわしにこだわりなさるの？　きっと将軍様はご自分の考えておられる『キリストの旗のもとにある軍隊』について何かおっしゃりたかったのですわ。

将軍　ありがとう。つまりわしの言いたかったことはこういうことなのだ。ずっと昔からつい昨日まで、下は兵士より上は元帥に至るまで軍人と名のつく者は全て、一人残らず知っており、また感じてきた。自分は重要なそして立派な事業に奉仕しているのだ、それも衛生設備や下着の洗濯が有益だというのと同じ意味で、ただ単純に益があり必要だというのじゃない、人民の指導者とか英雄のような最もすぐれた偉人たちが従事してきたのと同じ、高度な意味での立派で高潔な名誉ある事業に自分たちは仕えているのだと。このわしらの仕事は教会で浄められ、ほめたたえられ、また全国民の祈りによって祝福されてきた。ところがある素晴しい朝、わしらは突然知ったのだ。今までのことは全て忘れなくちゃならぬ。まったく逆の意味において、自分自身の立場とその職務とを評価しなくちゃならぬのだ。かつてわしらが誇りをもって勤めてきたし、今も勤めているこの仕事は、はなはだしく有害で悪い仕事だときめつけられたのだ。それは、神の教え、人の心に反するもので、最も恐しい悪であり不幸であるというのだ。そして全人民は団結してこれに反対せねばならないそうなのだ。それが最終的にすっかり廃されるのは今や時間の問題とまで言われておる。

公爵　でもあなたは、戦争や兵役が古代の食人行為の名残りだという非難の声を以前に小耳に狭んだことはおありじゃないのでしょうか？

将軍　ないかって？　あるどころじゃない。聞きもしたし、言葉様々に述べてあるのを読みもした！　だが、正直のところ、わしらにとってはそんな声は、いわば青天の霹靂でしてな。聞きはしても、すぐに忘れちまったのじゃ。ところが、今はまったく事情が違う。知らぬ顔の半兵衛では済まされぬのだ。そこでお尋ねするが、いったい今わしらはどうしたらよいのじゃ？　わしはつまり全ての軍人は、何を誇りとすべきなのじゃ？　自分自身をどのように考えたらよいのじゃ？　真の益荒男と考えるべきなのか、それとも人非人だとみなすべきなのか？　正しい重要な仕事に精一杯従事しているのだと思い、自分自身を敬うべきなのか。あるいはその仕事を恐れ、それに従事してることを後悔し、全ての文官に対し職業上の罪業を赦してくれとひたすらこい願わなくちゃならぬのかね？

政治家　こりゃまた誇大妄想的な問題設定ですな！　まるでみんながあなた方に何か特別なことを要求しとるような口調ですな。別に新しいことを期待しとるわけじゃない。そいつぁ、あなた方にじゃなく外交官や他の『文官』達に求められとるのですぞ。しかも彼らは、あなたのおっしゃる『罪業』にも、また『キリストの御旗』にもほとんど関心などは持っておりません。あなた方に対しては今も昔もただ一つのことが要求されているだけなのですぞ。つまり上官の命令を忠実に遂行すればよいのです。

将軍　あなたは軍事に関心をお持ちじゃないですな。そのため、この問題に関し、あなた流の言い方をすれば、それこそ『誇大妄想』的な考え方をなさるのも無理はないとは思うが……。あなたは明らかにご存知じゃないようだが、ある場合には、上官の命令そのものがそれをあてにしたり、あるいは穿鑿などせぬということを前提としとるのですぞ。

政治家　本当かね？

将軍　本当だとも、たとえば、わしが上官の意志によって全軍管区司令官に任ぜられたとしよう。そのことは、つまりわしに委託された軍隊を様々に指揮し、この軍隊の中に一定の思想を保持し、また強化し、軍の意志を一定の方向に向けさせ、軍隊内の気分を調整するように命じられたということなのだ。一言でいえば、いわばその軍の使命に応じて、そいつを訓育するのだ。よろしい。そしてこのことをするためにわしには、わしの名とわし個人の責任においてわしの軍管区に共通の命令を発する権限が与えられているのだ。ところが、もしわしが、最高司令官に、自分の発する命令を口授してくれとか、せめてどういう方向でそいつを発したらよいのか指示してくれとたのむとしよう。一回目にはたちまち『この老いぼれの馬鹿野郎』という罵倒をあびせられるだろうよ。二度目にゃ首さ。つまり、わしは、わし自身で一定のある精神をもってわしの軍隊に働きかけねばならぬのだ。この精神こそ、昔より今に至るまで永遠にかわることなく、最高司令官によって承認され批准されとるべき筈のものなのだ。だからこのことを質問する奴は馬鹿者か、それとも破廉恥漢なのだ。この『明々白々たる』精神は、本質的には、サルゴン王（アッシリア最盛期の王、在位前七二二〜前七〇六——訳者）やアッシュール＝バニパル（アッシリア最後の大王、在位前六六九〜前六二六——訳者）やウィルヘルム二世（プロイセン王、一八五九〜一九四一——訳者）に至るまで不変不動のものなのだ。

ところが突然この精神に疑惑の目が向けられるようになったのだ。つい昨日までわしが理解してたのは、他ならぬこの精神——つまり兵士たるものは全て敵を粉砕し、自からも死地へ赴くということの精神をわしの軍隊の中に保持し、強化しなくちゃならぬということだった。そのためには、戦争とは神聖な事業なんだという確信が絶対に必要なのじゃ。ところが、この確信は土台からひっくり返されちまった。学者先生の説によると、軍事というものは、『道徳的宗教的なサンクション』を失いつつあるのだ。

政治家　こりゃまたひどく大袈裟なお説で。こんなにラジカルな革命思想にはお目にかかったことがない。戦争は悪で、そりゃ少なけりゃ少ないほど良いのです。こんなことは昔だって誰にでもわかりきったことだったのですよ。一方、真面目な人たちは今でも考えております。戦争というこの悪を完全に、今現在なくしてしまうことは不可能だとね。つまり、問題は戦争を廃絶することではなく、次第次第に、おそらくゆっくりとではあるだろうが、それをできるだけ狭い限界の中に閉じ込めてしまうことなのです。戦争に対する原則的な見方はいつだって変わりゃせんのです。非常時にはやむを得ず容認されはしても、原則的にはそれは避けることのできない悪であり、不幸なのですぞ。

将軍　それだけのことかね？

政治家　それだけのことですよ。

将軍　（急に席から立ち上り）ところであなたは今までに教会暦をめくってみたことがおありかな？

政治家　つまりカレンダーのことかね？　名の日を調べるためなどには用いなきゃならんですよ。

将軍　そこにどんな聖者たちが載っているかお気づきかね？

政治家　そりゃいろいろでしょうな。

将軍　だが職業は？

政治家　それだってさまざまでしょうよ。

将軍　ところがあまりさまざまではないのだ。

政治家　それがどうしました？まさか全部が軍人だけだというわけじゃありますまいに。

将軍　いや全部じゃないが、半分は軍人なのじゃ。

政治家　やれやれ、またそんな大法螺を！

将軍　もちろんわしらは統計的な国勢調査をしとるわけじゃない。わしが立証したいのは、ただ、わがロシア教会の聖者達は、例外なく二つの階層の出身者だということなのじゃ。いろいろな位階の修道僧《モナーフ》か、さもなけりゃ公侯《クニャージ》なのじゃ。そして公侯は、昔には必ず軍人でもあったのだ。わが国には他の階層の聖者は一人もいない。……むろん聖者は男性と決まっとるのじゃが……修道僧か、さもなければ軍人なのだ。

婦人　でも、痴愚行者《ユロード》（訳註2）のことをお忘れじゃございませんこと？

将軍　忘れてなどおりますものか！　だがそもそも行者は一種の不正規な修道僧なのじゃ。行者と修道僧との関係は、いわばコザック軍と正規の軍隊との関係のようなものなのじゃ。そこで、もしあなたがロシアの聖者達の中に、一人でも在俗司祭や、あるいは商人、秘書官、役人、町人、農民のような人間を見つけたとしたら——つまり修道僧と軍人以外の者を発見したなら、わしは来週の日曜日にモンテ・カルロ（モナコの都市、賭博場で有名——訳者）で儲ける分をそっくりそのまま進呈しよう。

政治家　ありがとう。あなたのお宝と半分の聖者達はそのままあなたにお預けしときましょう。だが、その発見や観察からどういう結論を出したいのか、ひとつご説明願いたいものですな。そもそも、修道僧と軍人だけが、道徳上のお手本だとでもおっしゃりたいのですかな？

将軍　あまり図星とはいえないな。在俗司祭や実業化や役人、百姓たちの中にも高徳の士がおるのは、わし自身知っておる。わしが記憶しとる限りの最も善良だった人間は、ある知人の乳母だったわい。だがそもそもわしらはそんなことを話しとるのじゃない。わしが聖者たちのことをとりあげたのは、次のようなことを言いたかったからなのだ。つまり、軍事が酒屋のように必要悪を商うものであったり、あるいはそれより更に悪い何ものかだと常に考えられていたのであれば、なぜこのように軍人が、修道僧と並んで、世間の他の職業よりも敬われるはめとなったのだね？　自分達の考えに則り聖者というものをつくり出したキリスト教国民は（その点ではロシア国民も他の国々の連中も似たりよったりだ）明らかに、軍人の使命を単に敬ったばかりではなく、特別の尊敬の念をもって敬ったのだ。そして、世間のありとあらゆる職業の中で、軍務だけが、いわば聖なるものの最良の代表者を養育するものだと考えられていたのだ。そしてこの見解は現今の反戦の動きとはまったく相容れないものなのだ。

政治家　その点で何も変化していないなどと私は申しませんでしたよ。疑いもなくある望ましい変化が生じているのです。大衆の目に映っていた、戦争ならびに軍人のまわりに輝く宗教的な後光というものは、今や取りのぞかれつつあるのです。このことは間違いありません。だがそのことはすでに以前から起こっていたことなのですぞ。しかも誰がこの火の手をあげていると思われますかな? 聖職者たちにほかならぬのです。後光を用意するのは彼らの仕事ですからな。もちろん、このためには体裁よくやらなければならんでしょうな。抹殺できぬものは比喩的に解釈したり、さもなきゃ、うまく忘れたり黙ったりして次第次第に廃れさせてゆくことでしょうよ。

公爵　その通りです。すでに好ましい順応が始まっておるのですよ。僕は自分の出版のためにわが国の宗教文献に常々注目しているのです。ところがすでに二つの雑誌で、キリスト教が戦争を徹底的に非難している旨の記事を読んで、愉快な気持になりました。

将軍　ありえんことじゃ!

公爵　僕も自分の目を疑いましたよ。お見せしてもよろしいですよ。

政治家　(将軍に)おわかりでしょう! だがだからといって、あなたがご心配なさることはないですぞ。大体あなた方は実務家なのであって、伝道者ではないのです。職業上の自負心だとか虚栄心ですかな? だとしたら、よろしくありませんな。くどいようですが、実際上ではあなた方は、以前のとおり、何の変わりもありゃせんのです。すでに三十年間も私たちの息をふさいできた軍国主義は、今こそ消滅しなくちゃならんのです。けれどもある程度の軍隊は残されるでしょうな。そして、軍隊の存在が許される限り、つまりそいつが必要だと認められておる限りは、以前どおりの軍人気質《かたぎ》が軍隊に要求されることでしょうよ。

将軍　ああ、あんたは死んだ牝牛から乳を搾る名人だろうよ！　第一級品の軍人気質とは、勇気のことなのだ。こいつがなけりゃ、他のどんな気質だって役に立たなくなる。そしてこの勇気という奴は、自分の職務が聖なるものだという信念に支えられているのだ。この種の軍人気質をあなた方に提供するのは、いったい誰なんだね。ええい、それなのに、戦争が非常時にやむを得ず容認されるだけの破壊行為であり、悪であると見なされるようになっちまったら、こんなことはできっこない。

政治家　だが、そもそもそのような認識を持つことなど軍人にはまったく要求されておらんのです。自分はこの世で最もすぐれた人間だと思っておられればよろしいじゃないですか。どうして、それに文句を言う人間などいましょうかな。ルジニヤン皇子が、私達にキプロス・ブドウ酒の酒代をせびりさえしなけりゃ、キプロス王と名乗ったって構やしないと先ほど話にあったじゃありませんか。ただ必要以上に私達の財布だけは狙わんで下さいよ。それさえしなきゃ、自分らの世界で、地の塩でも人類の華でも、何にでも勝手になってくだされ。誰がそれを邪魔しましょうや？

将軍　自分らの世界でだと！　いったいわしらは月世界の話でもしとるのかね？　いったいお前さんは、軍人達を、他の誰にも影響を及ぼさぬように、トリチェリの真空の中にでも閉じ込めちまうつもりかね？　国民皆兵制がしかれ、短期間徴兵訓練がなされ、安い値段で新聞が手に入るってこの時代にかね！　いいや、問題はとうにわかりきっとるのだ。兵役が国民全部およびその一人一人にとって強制的な義務となった以上、また、たとえばあなたのような国家の首脳を初めとして軍事に対するこの新しい否定的な見解が社会全体に定着してきた以上、このようなものの見方は必ずや軍人たち自身の間にもはびこるだろうよ。上官をはじめ軍人達全員が軍事を、ここ当分は避けることのできない必要悪だとみなすようになっちまえば、まず第一に、行き所のない人間の屑以外には誰一人軍人という職業に進んで生涯を捧げようなんて人間はいなくなっちまうことだろう。第二に、不本意ながら一時的に兵役につく人間も全て一輪車につながれた徒刑囚が自分の鎖をひきずって行くのと同じ思いで、その義務をいやいやながら果たすこととなっちまう。こんな状態で何が軍人気質だ、何が軍人魂だ！

Z氏　私は常々確信しておったのですがね、皆兵制のあとには軍隊が廃止され、それから個々の国家というものもなくなるに違いありません。しかもそれは時間の問題なのです。そして、現代の歴史の歩みの速さから見てそれはそう遠くないことなのですよ。

将軍　おそらく、そのとおりだろうよ。

公爵　今までこんなことをそのように考えたことはありませんでしたが、まったくあなたのおっしゃるとおりだと思いますよ。だがこれはなんてすばらしいことなんだろう！　考えてもごらんなさい。軍国主義が、その端的なあらわれとして国民皆兵制をもたらし、そして今度はそのおかげで、近代的な軍国主義ばかりではなく、軍事機構の古い土台までもがことごとく滅んでゆくのです。ブラボー！

婦人　公爵さん、お顔まで楽しそうよ。結構なことですわ。だっていつもはほんとうに陰気そうなご様子で、まるで『真のキリスト教徒』らしくないのですもの。

公爵　あまりにも周囲には暗いことばかり多いものでね。ただ一つだけまだ希望が残されております。理性は、あらゆるものに反して、必ず勝利をおさめるという考えです。

Z氏　ヨーロッパでもロシアでも軍国主義が自滅するのは疑いありません。しかしだからといって、どのような喜びと勝利が生まれてくるかは、まだわかりませんよ。

公爵　どうしてでしょう？　軍部および戦争が極悪非道、絶対悪であって、人類は、どうしても、今すぐにもこの悪から解放される必要があるということをお疑いなのですか？　この食人行為を即刻根絶することが、どんな場合にも理性と善の勝利を意味するということをお疑いなのですか？

Z氏　さよう、私が確信しているのはそれと正反対のことなのです。

公爵　つまりどういうことなので？

Z氏　さよう、戦争は絶対悪ではないし、平和も絶対善ではないのです。あるいは簡単に申しますと、良き戦争も、悪しき平和もありうるのです。

公爵　ああ、あなたの見解と将軍さんの見解の違いがやっと今わかりましたよ。将軍さんは、戦争とは常に良きものであり、平和とは常に悪しきものだと考えておられるのですね。

将軍　いいや、とんでもない！　わしだって、戦争が時にはきわめて悪いものとなりうるかもしれぬことはよく承知しておる。ナルヴァやアウステルリッツの戦いのようにわが国が敗北を喫する時のことを考えてみるがよい。そして、ニスタットの和やキュチュク＝カイナルジャ条約のように、平和もすばらしいものでありうるのだ（訳註3）。

婦人　それはカフール族やホッテントットの有名なことばと同じ類いのもののようね。彼らは宣教師に向かってこう言ったそうよ。自分らには善と悪との違いがはっきりわかっている。善とは他人《ひと》の妻や牛を奪う時のことだし、悪とは他人によって自分のものが奪われる時のことだって。

将軍　そのアフリカ人もこのわしもちょっと冗談を言っただけのことですよ。片方はもののはずみで、わしは腹に一物もって、皮肉をね。だが今は、賢い方々が、道徳的見地から戦争をどのようにお考えになるか伺いたいものですな。

政治家　やれやれ！　歴史上では必然的なこんな明々白々たる問題にスコラ哲学や形而上学の類いをもちだして、私ども『賢い人間』の頭を混乱させてはいただきたくないですな。

公爵　どのような観点から明白なのでしょうか？

政治家　私の観点は、ごくあたりまえのヨーロッパ的なものでして、おまけに現在では他の世界でも教養ある人達が次第次第に会得している類いのものですよ。

公爵　その見解の本質は、むろん、一切を相対的なものと認め、あらねばならぬものとあってはならぬもの、善と悪とを厳格に区別することを許さぬものでしょうね？

Z氏　失礼ですが、その反論はおそらく私達の問題にとって役に立たないでしょうな。例えば私自身は、道徳上の善と悪とが絶対的に対立しているものであることを完全に認めはしますよ。でも、同時に、だからといって戦争を黒一色で塗りつぶし、平和を白一色で塗りつぶすような態度はとれないということも、私には自明の理のように思われるのです。

公爵　でも、それじゃ、内的な矛盾をきたすじゃありませんか！　例えば殺人のようにそれ自体悪しきものが、多分戦争と呼ばれるような場合には良いものとなりうるのであれば、善と悪の絶対的な差はどこでつけるのです

Z氏　こりゃまた何と単純なお考えでしょう。「殺人は全て絶対悪である。戦争は殺人である。したがって戦争は絶対悪である」立派な三段論法です。ただあなたが忘れておられるのは、その二つの前提、つまり大前提も小前提も、まだ証明を必要としているものであって、だから結論自体も宙に浮いた状態にあるということなのです。

政治家　やれやれ、私が懸念した通り、スコラ哲学にはまり込んじまった。

婦人　この方達は一体何について言い争っていらっしゃるの？

政治家　何だか大前提だとか小前提だとかについてらしいですよ。

Z氏　すみませんが、私どもこれから本題に入るところでして。さてところで、あなたはどんな場合でも殺人は、つまり他者《ひと》の命をとることは、絶対に悪であると確信なさっておられるのですね？

公爵　あたりまえです。

Z氏　さて、それなら殺されることは、こりゃ絶対悪ですかな、どうですかな？

公爵　ホッテントット流に言うともちろん絶対悪です。でも僕たちは道徳的・精神的な悪について話していたのです。その悪は、理性を有している人間が為す彼固有の行動のうちにのみ内在しているのであって、彼の意志とは無関係に彼の身にふりかかるようなものではないのです。つまり、殺されるということは、コレラやインフルエンザで死ぬということと同じことでして、絶対悪でないばかりか、悪ですらないのです。このことはすでにソクラテスやストイック派が説いていることです。

Z氏　いや、そんな昔のことはどうだっていい。だが、あなたの言われる絶対性は、殺人を道徳的・精神的に評価する場合に、かなり不都合なもののようですな。あなたのお説によると、絶対悪というものは、悪などではまったくないような何ものかを他者に加えることだということになりますな。あなたのお考えはどこか間違っているようですよ。だがこの間違いには拘わらないでおくことにしましょう。さもなければ私達は本当にスコラ哲学にはまり込んでしまうでしょうからな。ところで、殺人が悪であるのは人命を奪うという物理的な事実に基づくからではなく、この事実の道徳的・精神的な要因、つまり殺人者の悪しき意志に帰因するからなのですね？　このようにおっしゃるのですな？

公爵　ええ、もちろんですとも、そもそもこの悪しき意志がなければ、それは殺人ではなく、単なる不幸とか不注意にすぎなくなります。

Z氏　手術が失敗した時のように殺人の意志がまったく存在しない場合にはこのことは明らかです。でも他の情況だって考えられますよ。人命を奪うことを直接目的にはしていないが、やむを得ない場合にはそれも仕方がないと前もって考えられるような場合——このような殺人もあなたのご意見ではやはり絶対悪なのでしょうな？

公爵　殺人を覚悟しているなら、もちろんそれは悪ですとも。

Z氏　でも次のような場合もありはしませんか？　殺人を覚悟していてもそれは悪しき意志から生じたことではなく、したがって主観的な面より見てさえ、その殺人は絶対悪とは言えないような場合も。

公爵　はて、何のことなのかさっぱりわかりませんが……ああ！　そうか、わかりましたよ。あなたはあの典型的な場合のことをさしておられるのですね。人気のない場所で狂暴な無頼漢が、無垢な（より大きな効果を狙ってまだ年端もゆかぬと付け加えておきましょう）娘に暴行を加えようとしているのをその父親が見つけた。そこでこの不幸な父親は、ほかになすすべもなく、この強姦者を殺害する。この例証は千回となく耳にしましたよ！

Z氏　だが注目すべきなのは、あなたがこの話を千回となくお聴きになったということではなく、この単純な例証に対して、適切なあるいはせめていくらかでももっともらしい反駁をあなたのお仲間から拝聴したことが一度もないという事実ですよ。

公爵　いったい何に対して反駁するのでしょう？

Z氏　ほら、ほら！　もし反駁という形式がお気に召さないのでしたら、直接的で積極的なやり方で結構ですから、どんな場合にも例外なく、つまりこの少女の例の場合にもあなたの説が正しいということを証明なさって下さいよ。悪者や加害者を殺しかねない暴力を用いるよりは、悪に対して力で抵抗するのを自制することの方が絶対に良いということをね。

公爵　個々の場合にあてはまるような何か特殊な証明などあり得ましょうか？　総じて殺人というものが道徳的・精神的意味で悪だということをあなたが認めていらっしゃる限り、どんな個個の場合だろうと、それはやっぱり悪なのですよ。

婦人　納得いかないわ。

Z氏　納得いかぬもいい所ですよ！　概して言えば殺すより殺さない方が良いに決っていますよ。このことは論争の余地がない。誰だってうなずきますよ。だが問題はまさに個々の場合にどうかということなのです。お尋ねしているのは、殺すなかれという一般的な原則、あるいは一般に認められている原則が、現実上絶対的なものであり、したがってどんな場合でも、どのような事情のもとにあってもいかなる例外をも許さないものであるか、それともたった一つでも例外を認めるのかということなのです。そして後者の場合にはそれはすでに絶対的なものではないのですよ。

公爵　いや僕は、このような形式的な問題設定には同意しかねます。このようなことをして何になると言うのです。仮りに、あなたが論争のためにひねくり出したあの例外的な場合に……

婦人　（顔をしかめるように）あら、あら！

将軍　（皮肉をこめて）おや、おや！

公爵　（それらに気づかず）あなたがひねり出した例外的な場合には殺さないよりは殺す方が良いと仮定しましょう。もちろん実際は承服しがたいのですが、この場合にはあなたが正しいとしましょう。さらにこれが、あなたによってひねくり出されたものではなく、現実にあったことだとしましょう。だが、これはあなたも認めておられるようにまったく稀な例外的な出来事なのです。ところが僕達が今問題にしているのは、戦争という一般的で全世界的な現象なのです。ナポレオンやモルトケ（プロイセンの将軍。一八〇〇―九一――訳者）やスコベレフの立場が、いとけない娘の純潔を暴漢の暴行から守らざるを得なかった父親の立場に少しでも似ているなどとは、あなただっておっしゃりますまい。

婦人　さっきよりはましだわ。Bravo, mon prince!（万才！）

Z氏　不快な問題をうまくかわしましたな。だが、これら二つの現象、つまり個人的な殺人と戦争との間の論理的ならびに歴史的な関連性に関して私に一言いわせて下さい。このためにまず、先程の例を再び引用しましょう。しかし今度は、その意味を強調しているようで実際は弱めているようないろいろ細かな枝葉を落としてしまうことにしましょう。この場合、いとけない娘も必要ありません。彼らが登場すると、問題はその純粋に倫理的な性格を失ってしまい、理性的な道徳意識の次元から自然的・本性的な道徳感情の領域へと移ってしまいますのでね。むろん、この父親は、高度の道徳的原理より見て暴漢を殺すべきか、あるいはそのような権利を有しているかを判断することなく、親の愛に駆られてその場で殺人を犯すでしょう。そこで、この父親ではなく、子供を持たない一人のモラリストを引き合いに出しましょう。彼の眼の前で、彼とは無縁で未知なか弱い人間が頑健な悪漢の牙にかかっているとしましょう。あなたのお考えではいったいこのモラリストは、今にも鬼畜がその獲物を引裂こうとしているのに、手をこまねいて、ただ善行に関し説教しなくてはならないのですかな？　あなたのご説ですと、そのモラリストは、この獣をたとえ殺しかねなくても、あるいは間違いなく殺すとわかっていても、力で阻止しようという道徳的な衝動を感じないのですかな。そうせずに、彼が自分の説教を伴奏として奏でながら悪漢の犯行を見過したとしましょう。その時彼は、あなたのご高説によると、何の良心の咎も感じないし、死にたいほどの恥ずかしさに襲われることもないのですな？

公爵　もしそのモラリストが道徳律の実在を信じず、また神は力ではなく義であるということを忘れているのなら、あなたがおっしゃった感情にとらわれるかもしれませんよ、

婦人　うまいおっしゃり方ですわ。ところで今度は、あなたどうご返事なさいます？

Z氏　私としては、もっとうまく、率直に簡単に核心に近く答えていただきたかったですな。あなたのおっしゃりたいのは、このモラリストが神の正義というものを実際に信じているのなら、犯罪者を力で阻止するのではなく、犯罪が行なわれませんようにと神に祈らなくちゃならないということでしょう。あるいは、悪漢が突如回心するというような精神的な奇跡や、突然そい

つが麻痺に襲われるということき物理的な奇跡が起こり……

婦人　別に麻痺などじゃなくても構わないじゃありませんこと。強盗が何かにびっくりするとか、ともかくも何かの加減で犯行をやめることはあるかもしれませんわ。

Z氏　だが、それはどれも同じことなのです。そもそも奇跡というのは出来事そのものの中にあるのではないのです。そうではなく、肉体上の麻痺であれ精神的なショックであれその出来事が祈りおよびその道徳的対象と目的の上において結びついているという点にあるのです。いずれにせよ公爵さんのご説によりますと、犯行を防ぐ方法というものは、奇跡を祈り求めるということになりますな。

公爵　はて……つまり……なぜ祈りに……なぜ奇跡なんかにゆきつくのです？

Z氏　では何にゆきつくというのですかな。

公爵　だがね、この世は、善にして理性的な生の原理によって支配されていると僕は信じているのです。だから次のことも信じているのですよ。つまりこの世に生じるものはみな、この理性的な原理、すなわち神の意志にかなっているのです。

Z氏　失礼ですが、あなたはおいくつですかな？

公爵　どうしてそのようなことをお尋ねになるのですか？

Z氏　決してお気を悪くなさるには及びません。三十歳位ですかな？

公爵　さよう、もう少しいってますよ。

Z氏　それならばあなたご自身の目で見ておられるはずですな。見ていないなら噂に聞いているはずです。聞いていないなら、新聞か何かで読んでおられるはずです。この世で、あいもかわらず悪事やら不道徳な出来事やらが起こっているのを。

公爵　それで？

Z氏　いったい、それはどういうことなのでしょうかな？　つまり、『道徳律』とか正義とか、あるいは神の意志というものは、明らかに直接にはこの世に実現していないということになる……

政治家　どうやら、やっと本題に入ったらしいですな。悪が存在している以上、つまるところ神々はその悪を防げないのだ、あるいは防ごうと望んでおらぬのだ。どちらの場合にも至善にして万能の神々など存在せぬこととなる。古くから言われている真理ですな。

婦人　まあ何てことおっしゃるの！

将軍　こりゃまたとんだ話になっちまった。『理屈をこねると、頭がぼける！』

公爵　そうですよ、これはひどい屁理屈ですとも！　僕たち人間の善とか悪とかいう観念と神の意志とが結びついてでもいるかのような口ぶりですよ！

Z氏　「とかいう」観念とは結びついてはいませんが、正しい善の観念とは密接に結びついていますとも。私達人間の善と悪とが神格には何の関わりもないことだとしたら、あなたは究極的に自己矛盾に陥ってしまわれますよ。

公爵　なぜです？

Z氏　だって、あなたの言われるように、強い悪漢が獣的な情欲にかられてか弱い者を殺したとしても神格には何の関わりもないことであるとするなら、私達のうちの誰かが憐憫の情にかられてこの悪漢を殺しても、神格がこのことに反対するいわれがないじゃありませんか。あなたはまさか、無垢なる弱者を殺すのは神の前に悪ではないが、強い悪しき獣を殺すのは悪だなどというナンセンスを弁護しているわけじゃないでしょう。

公爵　そのことがあなたにとってナンセンスに思われるのは、次のことに気づいていらっしゃらないからですよ。つまり、道徳的に重要なのは、誰が殺すかということであって、誰が殺されるかということではないのです。そもそもあなたご自身が悪漢のことを獣と呼んでいらっしゃる。ということは彼を理性も良心も持っていない生きものだと認めておられることになる。そのような生きものの行動の中にどのような道徳的・精神的な悪が存し得ましょうか？

婦人　あら、あら！　一体、この場合、文字どおりの意味での獣のことなんかが話題になっているのかしら？　それは、私が娘に「馬鹿なことをお言いじゃない、私のエンジェルや！」と叱るのと同じことですわ。ところがあなたは私に怒鳴って、「気でも狂ったのですか？　天使《エンジェル》ともあろうものが馬鹿なことを言うはずがないじゃありませんか」って反駁なさっているのよ。まったく愚にもつかないお話ですわ！

公爵　お許し下さい。比喩的に悪漢のことが獣と呼ばれており、この獣には尻尾も蹄もないことくらい、僕だってよく存じております。でもこの場合、理性の欠如、良心の欠如という言葉は文字どおりの意味で用いられているのです。理性と良心を持っている人間でしたらそのような恥ずべきことはできるはずがございませんから！

Z氏　そりゃ、新しい詭弁というものですよ！　もちろん、獣のようなふるまいをする人間は理性と良心を失っているでしょう。だがそれは、彼がそれらの理性や良心の声に耳を傾けるのをやめたという意味でなのです。しかし、彼の中で理性と良心とがまったく何も語りかけはしないと決めつけるのなら、あなたはこのことを証明なさらなくちゃなりませんよ。さもなければやはり私は次のような考えを変えはしません。つまり獣のような人間があなたや私たちと違っているのは、彼が理性と良心をもっていないからではなく、私達とは反対にその獣的な欲情どおりに行動しようという決意を持っているからなのです。しかもこのような獣は私達の心の中にも棲んでいるのですが、普通私たちはそいつを鎖でつないでいるのです。ところがこの男は、その獣を鎖から解き放ち、自分自身そいつの尻尾について回っているのです。彼だとて鎖は持っているのですが、ただ使用していないのですよ。

将軍　まさにその通りだ。もし公爵君があなたに同意せぬのなら、彼自身の論理を逆用する方がてっとりばやかろう。つまり、悪漢が理性も良心も持たぬ獣に過ぎぬなら、奴を殺すのも、人に襲いかかる狼や虎を殺すのもまったく同じことだ。おそらく動物愛護協会もこいつを殺すことは禁止せぬだろうて。

公爵　だがあなたはまた、次のことを忘れていますよ。つまり、その人間の状態がどのようなものであれ——理性と良心がまったく萎縮しちまっているにせよ、あるいは不道徳性を意識しているにせよ（もしそのようなことがあり得るなら）、問題は彼にあるのではなく、あなた自身にあるのですよ。あなたの理性や良心が萎縮しておらず、理性や良心の命令を意識的に破ろうとお考えでなければ、その悪漢がどんな人間であろうと、あなたはこの人を殺しはしないでしょう。

Z氏　もちろん、理性と良心が絶対に殺しちゃいかんと私に命じるなら、殺しはしないでしょうよ。だがご想像願いたい。私の良心と理性とはまったく別のことを、そしておそらくより理性的で良心的なことを私に命じているのです。

公爵　そりゃ興味深い。お伺いしたいですな。

Z氏　まず私の理性と良心は、最低三つまで数えあげることができるのです。

将軍　ふむ、ふむ、それで！

Z氏　なぜなら、私の理性と良心は、正直申しますと、二つではなく、実際は三つのことを私に命じておるのです……

将軍　（性急に）それで？

公爵　さっぱりわからない。

Z氏　そもそも、あなたの説によると、理性と良心が私に命じるのは、ただ私自身のことと悪漢に関することだけなのです。そして肝心なのは、その悪漢に一本たりとも指をふれちゃならぬということなのですな。ところが、ここには実は第三の人間もいるのですよ。そしておそらく最も重要なのは、この悪しき暴力の被害者なのです。しかもこの被害者は私に助けを求めているのですよ。あなたはこの被害者のことを常に忘れておられる。だが良心が命じているのは、まず第一にこの被害者のことなのです。この犠牲者を救うことがこの場合には神の意志なのです。そりゃできる限り悪漢にも害を加えないようにはしますがね。だが私は、何がどうであろうともこの犠牲者を救出しなくちゃならぬのです。可能なら教え訓すことで、もしそれができなけりゃ力によって、さらに両手を縛られているなら、その時こそあの最後の手段、天よりの救いを求めるのです。これこそ先程あなたが話に持ち出しながら、至極簡単にひっこめてしまわれた、祈りによる手段にほかならないのです。つまり善き意志をギリギリまで緊張させる手段です。私は、祈りというものは、それが本当に必要な時には奇跡を現実にもたらすものだということを固く信じています。でもこれらの救助手段のうちどれを用いるかということは、その出来事の内的外的な諸条件によるのです。しかし次のことだけは絶対にゆずれないのです。私は虐げられている者を助けなければならない。私の良心が告げているのはこのことにほかならないのです。

将軍　万才！　見事に中央突破した！

公爵　いや、僕はそんな広大な良心はご免蒙りましょう。僕の良心がこの場合命じるのは明瞭で簡単なことなのです。殺すなかれ！——ただこれだけですよ。ところで、どうも僕たちの議論はいっこうに進展していないようですよ。よろしい、僕はもう一度あなたのご意見に同意することにしましょう。あなたがおっしゃるような状況では、道徳的に進歩し、良心もちゃんと持っている人間なら、誰でも、憐憫の情にかられ、自分のふるまいが道徳上いかなる性格のものかを問いかける余裕もなく、殺人へと走るであろうと仮定しましょう。でも、だからといって、僕らの議論の主要テーマにとってどんな結論が出てくるのですか？　くどいようですけれど、ティームール（モンゴル国の征服者、ティームール帝国の創設者、一三三六〜一四〇五――訳者）やアレクサンダー大王やキッチナー（イギリスの軍人、一八五〇〜一九一六――訳者）は、悪漢どもから弱者を守ってやるために、人々を殺戮したり、またさせたりしたのでしょうか。

Z氏　ティームールとアレクサンダー大王を並べてあげるのは、ロシア史を思い浮かべる際、不吉な予感を呼び起こしますよ。でもあなたはもう二度もこの方面に性急に話題を変えられたのですから、私にも歴史からの引用をさせて下さいよ。この例は、個人の防衛問題と国家の防衛問題とを関連づける上で実際に役立つことでしょう。それは十二世紀、キエフでのことです。すでにその当時の封侯たちは、戦争に対してあなたと同じ見解を持っていたらしいですな。『chez soi』（仲間うちで）だけなら言い争ったり闘ったりしても構わないと考えていたらしいのに、ポロヴェッツ人を征伐にいく段になると、人々を戦禍に巻き込むのは不憫だと主張し、これに同意しない。そこでウラジーミル・モノマフは次のように言ったのです。『汝らは土百姓らを憫れむが、さて考えてもみないのじゃ。春来たり土百姓らが畑《はた》に出て……』

婦人　変な言葉使いはやめてくださいな！

Z氏　でも年代記にこう書いてあるのですよ。

婦人　でもどっちみち空で暗記なさってるわけじゃないんでしょう。でしたらご自分の言葉でおっしゃって下さいな。でないと何だか馬鹿みたいですわ。『春来たり』のあとに『花開き、鶯うたう』なら変じゃありませんけど、いきなり『土百姓』ってくるのですもの！

Z氏　ええ、よろしゅうございますとも。『春が来て、農民が馬と共に畑に出て、地を耕している。するとポロヴェツ人が来て、農民を殺し、馬を奪ってゆく。その後ポロヴェツ人らの大群が襲ってきて、農民たちを残らず虐殺し、妻子を捕虜にし、家畜を奪い、村を焼き払う。いったいあなた達はこんな目にあっている人々を気の毒には思わぬのか。私は彼らを憫む。それゆえポロヴェツ人らを征伐するようあなた達に呼びかけているのだ。』これを聞いた封侯たちは自らを恥じて呼びかけに応じたのです。そのためウラジーミル・モノマフの御代には、国土は安らかでした。ところがその後再び彼らは、利己的な平和愛好主義へと戻り、対外戦争を嫌い、自分らの屋敷で暇つぶしをするようになったのです。その結果がタタール羈絆です。そしてこれらの諸侯の子孫たちは、イヴァン雷帝による弾圧という、あの歴史のご馳走を味わねばならなかったのです（訳註４）。

公爵　何が何やらさっぱりわからない！　前代未聞のありもしないような出来事を僕に話して下されようと、また、おそらく実在などしなかっただろうウラジーミル・モノマフなんて男のことをほじくり返そうと、いずれにせよ僕たちには何の関係もないことでしょう……

婦人　Parlez pour vous, monsieur!（あんた、お里がばれてよ！）

Z氏　そのとおりだよ、公爵さん。あなた本当にリューリック（ロシア最初の建国者といわれる。リューリック王朝の開祖。？〜八七九――訳者）の子孫ですかな？

公爵　そうだという噂ですな。だからリューリックやシネウス（リューリックとともにロシアにやってきたと伝えられる人物――訳者）やトルヴォル（シネウスの弟、兄とともにロシアの地にやってきたと言い伝えられる――訳者）に興味を持たねばならぬとでもおっしゃるのですか？

婦人　私の考えでは、自分の先祖たちのことを知らないのは、ちっちゃな子が野菜畑のキャベツの下で自分は生まれたのだと思っているのと同じことですわ。

公爵　でもそれなら、先祖を持たない不幸な人々はどうなりますかね？

Z氏　どんな人間でも、偉大な先祖と言い得るものを最低二つは持っているのですよ。そのものは、誰にとっても有益な、詳細で極めて教訓的な記録を残しているものなのです。つまりその先祖とは、祖国の歴史と世界の歴史のことなのですが。

公爵　だがそれらの記録は、現在僕らがどのようにあるべきか、また現在僕らが何をしたらよいかという問題を解決してはくれませんよ！　ウラジーミル・モノマフがラヴレンチイとかイパーチイ（訳註5）とかいう坊さんによって作り出されたものではなく、実在した人物でも構やしません。また彼がすぐれた人物であって、『土百姓たち』を心から憐れんだとさえしましょう。彼がこの場合、ポロヴェツ人達と闘ったのは無理ありませんよ。というのは、この野蛮な時代には、その道徳意識は粗雑なヴィザンチン式キリスト教概念の域を越えておらず、見せかけの善のために平気で人殺しをしたのですからね。でも今僕達は、殺人は神の意志に反した悪、また昔より神の戒律によって、禁じられている悪であり、したがって、それがどんな様相をとり、どんな名目をとろうとも許されないものだということを知っています。また一人の人間の代わりに戦争という美名をかりて何千人という人々を殺すこともやはり悪にほかならないということがわかっています。それなのにどうして僕達はこのようなことができましょうか。これは、何よりもまず個人の良心の問題ですよ。

将軍　よし、問題が個人の良心という点にあるのなら、ここで一言いわせてくれ。わしは道徳的な意味においては——むろん他の点でもそうだが——黒でも白でもなく、まったくその中間の灰色的人間だ。特に善いことも、特に悪いことも今までにしてこなかった。それに善いことをする場合にはいつも厄介なことがある。それは、わしの心の中で働いているこのものが、本当の善なのか、それとも単なる気の弱さなのか、世間の習慣なのか、あるいは虚栄心なのか、正直のところはっきりせぬのだ。さよう、そいつは卑しいことだ。だがわしの生涯を通じてただ一度だけ卑しいこととはいえぬ場合があったのだ。肝心なのは、その時わしの中にはどんな疑わしい動機もなく、ただ善の力だけが支配していたということなのだ。生涯に二度とないような完全な道徳的満足感とある種のエクスタシイさえわしは覚えた。だからこの時わしは何の思惑もためらいもなく行動した。そしてこの善行は今にいたるまで、わしの最良の、そして最も清い思い出として残っているし、むろん今後も残り続けることじゃろう。ところで、さて、わしのこの唯一の善行とは殺人のことなのだ。それもちっぽけなものじゃない。十五分足らずのうちに千人以上もの人間を殺したのだからな……。

婦人　Quelles blagues!（まあ呆れた！）真面目なお話かと思ったのに。

将軍　さよう、まったく真面目ですとも。証人を連れて来たってよいですよ。しかもわしは、この手で、この罪に汚れたわしの手で殺したのではなく、純潔無垢な六門の鋼鉄の大砲と、慈悲深く高徳な霰弾で殺したのだ。

婦人　どうしてそれが善だといえますの？

将軍　むろん、わしは軍人であるばかりでなく、今流にいえば『軍国主義者』だ。だがわしだとて、ドイツ人だろうとハンガリー人だろうと、あるいはイギリス人やトルコ人であろうと、千人もの普通の市民を根滅することが善行だとは思いやしない。だがこの時は、まったく事情が特殊なのだ。わしは今でも冷静にこのことを話すことができぬ。それはわしの心をすっかりでんぐり返しちまった。

婦人　さあ、早くお話し下さいな。

将軍　わしが大砲のことを口にしたので、むろんお察しがついたと思うが、これは最近の露土戦争のことなのだ。わしはコーカサス軍に帰属していた。十月三日のあと……

婦人　十月三日って何の日ですの？

将軍　この日アラジンスク高原の戦闘でわしらは初めて『不敗』のガジ＝ムフタル総督軍に両面攻撃をかけ粉砕したのじゃ……そこでわしらは十月三日以来、このアジア人らに対し直攻撃を続けていたのだ。わしは左翼にあって、前衛偵察隊を指揮していた。部下にはニジェゴロード竜騎兵、三百名のグバン・コザック兵に騎兵砲兵大隊がいた。殺風景なところだ。山の中はまだましで美しい。だが見おろすと、焼き払われた無人部落と踏み荒らされた畑ばかりだ。その日——十月二十八日のことだ——わしらは谷あいに下りた。地図では、そこにアルメニヤ人の大部落があることになっておる。けれども、もちろん部落など、あとかたも見えぬ。だが実際は、まだついさっきまではそこにちゃんとあったはずなのだ。何露里も先から煙が見えた。そこで、わしは部隊を結集した。強大な敵の騎兵部隊に出くわすかもしれぬという噂だったのでな。コザック兵を前にゆかして、わしは竜騎兵と共に進んだ。

村のすぐ近くで、道は曲がっていた。見ると、コザック兵たちはそこで釘づけになったように立ちすくみ、一歩も進もうとしない。わしは前にとび出して行った。見るより先に、肉の焼ける臭いが鼻をつき、トルコ軍が獲物を料理していったなと察しがついた。逃亡するアルメニヤ人たちを乗せた大馬車隊がとうとう助かることなく、ここでやつらにとっつかまり、料理されちまったのだ。馬車の下で火をおこし、頭や足や背中や腹を馬車にくくりつけられたアルメニヤ人たちを、火の上にぶらさげ、じわじわとあぶったのだ。乳房を刳られた女達。引き裂かれた腹。とうてい細かく話すことなどできぬ。今でもわしの眼に焼きついて離れない光景だけお話ししよう。

頭が動かぬように頸と肩を車軸にくくりつけられて一人の女が地面に仰向けに寝かされている。半ば焼けこげ、半ばただれて、その顔はひきつっている。明らかにおそろしい恐怖に襲われて死んだのだ。女の前には長い竿が地面につきさされ、おそらくこの女の息子だろう、裸の幼児が全身黒こげになり、目の玉をとび出させ、竿の先にくくられている。そばには、消えた炭の入ったコンロが転がっている。これを見て、まず最初わしは恐しい憂悶に襲われた。神も仏もあるものかと腹が立った。

そして機械のように意志も意識もなく行動した。急ぎ足で進みながら命令を下し、焼き払われた村の中に足を踏み入れた。棒杭一本、小屋一つ残っちゃいない。ふと気づくと、空井戸の中から、何か案山子のようなものがよじ上ってくる……ぼろぼろになった泥だらけの男で、地面に這いつくばるや、アルメニヤ語で何やら泣きわめいておる。彼を抱き起こして尋ねてみると、他の村から来たアルメニヤ人らしい。ちょっとは物のわかる男のようだった。村人達が集まって逃亡の準備をしている時に、商売上のことでこの村に来あわせたのだ。さて逃げ出そうという時に、トルコ軍が襲ってきたのだ。この男の言うには多勢だったそうだ。四万人もいたという。だがむろん彼には軍勢を勘定する余裕などありゃせぬ。井戸の中で息を殺して身を潜めていた。泣き叫ぶ声で、何が起こったのかわかった。やがて、トルコ軍が立ち去り、別の道を進んでゆく音が聞こえた。彼らはきっと自分の村を襲い、部落の人々を同じ目にあわせるにちがいない。そう言ってこの男は、手を揉み絞り、泣き叫ぶのだった。

この刹那、突然、わしに一筋の光がさし込んだ。心がやわらぎ、神も仏も再びわしに微笑みかけたようじゃった。畜生どもがここを立ち去ってからどの位たつかをこのアルメニヤ人に聞いてみると、かれこれ三時間位だろうと言う。

「それで、お前の村までは馬でどの位かかるのか?」

「五時間あまりです」

「じゃ、二時間じゃどうやっても追いつけぬ。畜生め! お前の村までの近道は他にないのか」

「あります、あります」わしは小踊りした。

「谷をぬける道があります。ずっと近い道です。これを知っている人はそういません」

「騎兵隊が通れるか」

「通れます」

「砲兵は?」

「むつかしいでしょうが、何とか通れると思います」

わしはアルメニヤ人に馬を与えるように命ずると、全軍とともに彼のあとについて谷間を進んだ。どういう風にわしらが山の中をよじ登っていったか、よくわからなかった。無我夢中で、ただ機械的に動いた。だが心は軽快で、まるで羽がはえているようだった。勇気百倍。何をなすべきかはっきりとわかっており、またどのような結果に終わるかをまざまざと予感しておったのだ。

わしらは最後の渓谷から出はじめていた。そこから道は広くなっていた。見ると、アルメニヤ人が駆け戻ってきて手を振っている。あそこに奴らがいると叫んどる。わしは前哨斥候の所へゆき、望遠鏡をのぞいた。まさに、いるわ、いるわ、騎兵どもが！　むろん四万人はおりゃせぬが、五千とまではいかなくとも、三、四千人はいるだろう。鬼畜めらもコザック兵に気づき、わしらに攻撃をかけてきた。わしらは、左翼で奴らを迎えうちながら谷から出た。奴らはコザック兵めがけて銃撃をしかけてくる。みろ、アジアの鬼畜どもがヨーロッパ製の銃でわしらを撃っておるのだ！　あちこちでコザック兵らが馬から落ちる。分隊長がわしの所へ駆け寄ってくる。

「隊長殿、突撃命令を出して下さい！　大砲をとりつけている間に、奴ら、畜生め、我々をうずらでも撃つように撃ってくるのです。こっちから攻撃をしかけて、奴らを追い払いましょう」

「君、辛抱しろ、もう少しだ。追払うことなら簡単だ。だがそれじゃあ不十分だ。神様の命令は、奴らを追払うことではなく、皆殺しにすることなんだ」

そしてわしは二人の分隊長に命令した。散開進撃して、鬼畜めらと応戦し、やがて作戦どおりに大砲の所まで後退せよと。大砲をカムフラージュするため百人を残し、ニジェゴロド兵を砲兵隊の左側に波状に配置した。わし自身待ちきれず、いらいらしていた。目の玉のとび出た焼けこげの子供の姿が目の前に浮かぶ。コザック達が倒れる。ああ！　畜生め！（訳註6）

婦人　それでどのように落着したのです？

将軍　仕損じなく上首尾のうちにけりがついた。コザック兵たちは応戦しはじめるや、たちまちに喊声をあげて後退しはじめた。悪鬼の族《やから》はそのあとを夢中になって追いかけてきおった。コザック兵らはすでに射撃をやめて、わしらの方に群れをなしてまっすぐ駆寄り、味方から二百露里程の所でてんでにばらばらと散開した。チャンス到来だ！　分隊、分かれろ！　援護部隊は右翼と左翼とに分開した。準備完了。主よ護り給え！　わしは砲兵隊に一斉射撃を命じた。

主も、わが六門の大砲をお護り下さったのだ。わしは今までに一度もこんな凄じい叫喚を耳にしたことがなかった。奴らが気をとりなおす間もなく、二度目の霰弾斉射。侵略者どもは残らず退却しだした。追いかけるように三度目の一斉射撃。蟻塚に火のついたマッチを二、三本放り投げたようなごったがえし。押し合いへし合い四方に逃げてゆく。わしやコザック兵、竜騎兵たちは左翼から攻撃をしかけ、キャベツを切り刻むように、ばったばったとやつらを叩き斬っていった。射撃を逃れた奴らは、わしらの矛先にかかった。見ると、あの連中は武器を投げ棄て、馬からとび降り、命乞いをしておる。わしは何の命令もしなかったが、わし自身も、また兵士どもも、今は命乞いとか捕虜だとかの騒ぎじゃないことを理解していた。コザック兵とニジェゴロド兵たちが奴らを残らず叩き斬っちまったわい。

だがもしこれらの脳味噌の足りない鬼畜どもが、いわば二、三十露尺のところから面と向かって浴びせかけられたはじめの二回の一斉射撃のあと、退却せずに大砲めがけて襲いかかってきたら、わしらは間違いなく一巻の終わりで、三度目の斉射どころじゃなかったわい。

神様がわしらを護って下さったのだ！　事は終わった。わしの心の中は、キリスト様が甦られたように明かるく晴々としていた。わしらは味方の戦死者を集めた。三十七人の兵士らが天に召された。彼らを平地に数列に並べて横たえ、瞼をふさいでやった。

わが軍の第三分隊にオダルチェンコという古参軍曹がおって、この男がまた大変な神学者で驚くべき才人だった。イギリスにでも生まれていたら、首相にでもなっていたかもしれぬ。今彼は分離派教徒か誰かの寺院が封鎖され、彼らの崇拝している何か長老の墓のようなものが潰される際に、時の権力に反抗したという咎でシベリヤに流されておる。わしは彼を呼んで言った。さあ、オダルチェンコ、行軍中のことなので、ここで葬いをせねばならん。坊さんの代わりをして戦死者たちを葬ってくれ。一方彼にしてみれば、これが自分の十八番《おはこ》なので、隊長殿、喜んでお引受け致しますってわけで、こやつめ、威厳まで備わってきおった。聖歌隊まで見つけてきて、ちゃんと型通りの葬儀をとり行なった。ただ司祭の赦しを得ることができなんだが、ここではそんなものは不必要だった。友のために命を棄てるものを祝福したキリストの御言（ヨハネによる福音書一五章一三節参照——訳者）がすでに彼らを赦しておるのだから。今でもこの葬儀のありさまがありありと目に浮かぶわい。どんより曇った秋の日だったが、夕暮れ前には黒雲は散ってしまい、下に広がる峡谷は黄昏れて、空には、まるで神の軍勢が集まったように、色とりどりの雲が群がっていた。わしの心はやはり明かるく晴れ晴れとしていた。捉えがたい軽やかさと、しんとした静《し》寂《じま》が支配していた。浮世のあらゆる不純な意味と、この世のあらゆる重苦しさが洗い流されちまったようだった。さよう、まったく天国のようだった。わしはひたすらこの身に神を感じていた。信仰と皇帝と祖国のために戦場に屍をさらした先程の戦死者達の名をオダルチェンコが読みあげはじめたとき、わしは感じたのだ。これこそキリストの旗のもとにある真の軍隊だ。それは決して、あなたがたがおっしゃるようななんらかの肩書きではなく、またお役所的な美辞麗句などでもない。そして戦争は、今も昔も、世の終わるまで変わりなく、清く聖なる偉業であるのだと……

公爵 （短い沈黙の後）それで、そのような明るい気持で味方を葬った時、あなたは、山のように殺した敵のことをまったく頭に浮かべなかったのですか？

将軍 幸いなことにすぐに前進を始めたので、あの汚らわしい屍のことなど思い出す暇がなかったわい。

婦人 まあ、それで一切の印象が台なしよ。よくもそんなことができたわね？

将軍 （公爵に対し）一体お前さんはわしにどうしろと言うんだね？ キリスト教徒でも回教徒でもない、どこの馬の骨ともわからん奴らにキリスト教の葬式をしろとでも言うのかね？ 大体、わしが気でも狂って、コーカサス兵たちと一緒に奴らをも葬ってやれという命令を出したなら、おそらく今度はお前さんは、宗教を強制したといってわしを咎めることだろうよ。何でそんなことを？ この不幸な奴らは生前は悪魔に叩頭《ぬかづ》き、火を拝んでおるのだ。それがだしぬけに、死んだとたんに、粗野で迷信的な似非キリスト教の儀式を受けるのかね！ いいや、あの場合わしには他の心配もあったのだ。わしは、分隊長とコザック大尉を呼んで、味方の何びとといえども、鬼畜らの死体の三露里尺以内に近寄らぬように命じた。というのは、以前よりコザック兵たちが、連中の習慣で、死体のポケットを探りたくて、うずうずしているのがわかっておったのでな。だが奴ら、どんなペスト菌をまき散らしとるか、わかったものじゃない。真平御免だ！

公爵　あなた、そんな人間だったのですか。コザック兵たちがトルコ軍兵士らの死体から物を掠奪して、あなたの軍隊に何か伝染病のようなものを持ち込むことを恐れていたのですか？

将軍　まさにこわかったのはそのことだ。あたりまえじゃろう？

公爵　とんだキリストの旗のもとにある軍隊もあったもんですな！

将軍　コザック兵士たちがかい？……奴ら正真正銘の盗っ人どもさ！　いつだってそうだったのさ。

公爵　一体全体、僕ら正気で話をしているのだろうか？

将軍　さよう、わしも何だか変だ。あなたが何を尋ねているのか、さっぱり要領を得ない。

政治家　公爵さんはおそらくびっくりしていなさるのさ。あなたのおっしゃる理想的で神聖でさえあるコザック兵たちが、突然正真正銘の強盗になっちまったのでね。

公爵　その通りです。そこでお尋ねいたしますが、あなたのおっしゃるように、戦争というものが一方の強盗に対する他の強盗の闘いであるのなら、どうしてそれは『清く聖なる偉業』になりうるのでしょう？

将軍　え！　なるほど、その通りだ。『一方の強盗に対する他の強盗の闘い』だわい。だが、これは、そもそも、他の、まったく異質な種類の強盗なのだ。それともあなたは、窃盗も、母親の目の前で子供をあぶり殺すのもまったく同じことだと本当に考えておられるのかね？　わしはあなたに次のことを言っておく。あの場合にわしの良心はこの上なく純粋で汚れていなかった。だから今でも時おり心底から残念に思うんだが、最後の一斉射撃を命じた後でわしは死んでおればよかったと思う。その時わしが死んでおれば、殺された三十二名のコザック兵たちと一緒にそのまま神様にお目通りできたのは間違いない。そして福音書のあの善良な犯罪人（キリストとともに十字架につけられた、最後に悔い改めた盗人のこと。ルカによる福音書二三章四〇―四三参照――訳者）と並んで天国に席を占めたに相違ない。あの盗人のことが福音書の中に記されているのは妥当なことだ。

公爵　その通りでしょう。だが、その善良な犯罪人になぞらえることができるのは、国も信仰も僕達と同じ人間だけで、その他のあらゆる国の様々な信仰の持ち主たちではないなどと福音書に書いてあると主張するのは、おそらくあなただけでしょうよ。

将軍　いやはや、ひどい難癖をつけるもんだ！　あの出来事の中でいつわしが、民族や宗教を差別したかね？　わしが助けたアルメニヤ人は一体わしの同郷者かね？　同宗門者かね？　わしが霰弾を浴びせたあの鬼畜めらがどんな信仰を持っているかとか、どんな民族かとかということをわしが問題にしたことがあるかね？

公爵　でもあなたは、ほら現に今だって、この鬼畜らが、やはり人間であるということを忘れておられるじゃありませんか。そして、全ての人間の中には善と悪が棲み、コザックであろうと、トルコ人であろうと、どんな盗人も福音書のあの善良な盗人になりうるものだということを考えてもみようとしないのです。

将軍　何が何だかわからん！　悪人は獣であって彼には何の責任もないと言うかと思うと、今度は、幼児を焼き殺すトルコの奴が福音書の中の善き盗人だとおっしゃる！　そしてこれらのことは全て、どのような悪にも指をふれちゃならぬということを主張するための口実なのだ。だが、わしの思うには、人間は全て悪と善の芽を有しているなどということが重要なのじゃない。肝心なのはその人間の中でこの二つのうちのどちらが重きをなしているかということなのだ。あらゆるブドウの汁から酒もできるし酢もできるなんてことは、わしには関心がない。肝心なのは、ほら、この瓶の中に入っているのが酒なのか、それとも酢なのかということだ。こいつが酢であって、それなのに原料は酒と同じものなのだからと言って、そいつを何杯も飲み、また他人にもすすめたとしたら、胃をこわしちまう以外にもわしはこの知識を誰の役にも立てずに腐らしちまうことになる。人間は皆兄弟だ。そりゃ結構。大いに喜ぶべきことだ。だが、だからといってどうなるんだね？　兄弟にだっていろいろあるわい。そこで、わしの兄弟のうち誰がカインで誰がアベルなのかを詮議したら、なぜいけないのかね？　もしわしの目の前で、わしの兄のカインがわしの弟のアベルから獣皮を奪い取っているとしよう。わしは、ほかならぬあの兄弟愛って奴に駆られて、これ以上悪いことをせぬようにカインの横面を殴りとばすだろう。ところがお前さんは、兄弟愛ってものを知らないのかと言って突然わしを非難し始める。よく知っとるとも。

だから間に割って入ったんじゃないか。もし知らなかったなら、そのまま見過しただろうよ。

公爵　だがどうして、見過すべきか、殴るべきかなどというジレンマが生じるのでしょう？

将軍　まずこのような場合には、第三の解決方法というものは見つからないものなのだ。あなたは先程、神に、その御手ですぐにあらゆる悪魔の子らを理性へとひきもどしてくださるように、直接神が仲裁してくださるように、祈り求めよと提案しかけましたな。しかし、あなた自身がこの方法を拒まれたようだが。わしの言いたいのは、この方法はどんな場合にも結構なものではあるが、事態を変えるものではないということなのだ。信心深い人々は食前に祈りを捧げる。だが咀嚼するのは、自分で、自分の顎でするのだ。そもそもわしだって騎兵砲隊に命令を下した時には祈らざるを得なかったわい。

公爵　もちろん、そのような祈りは神を冒瀆するものですよ。必要なのは神に祈ることではなく、神の御旨にそって行動することです。

将軍　つまりどういうことだね？

公爵　実際に福音書の精神で行為している人間は、殺人やあるいは他の悪事をしようとしている暗い心の不幸な兄弟に対して、言葉や身振りやその他あらゆる方法で働きかけることのできる能力を必要な時に自分の中に見いだすのですよ。つまり、そのような悪者にすぐさま自己の過ちを認めさせ、その偽りの道を拒否させるような強い感動を与える能力をね。

将軍　そりゃまた、凄い聖人君子だ！　あなたのご高説によると、幼児を焼き殺しているトルコ兵らを前にして、感動的な身振りで感銘深い説教をせねばならぬのかね？

Z氏　この場合は、距離が離れており、また互いに言葉が通じ合わないから、言語の類いはおそらくまったく役に立たぬでしょうな。強い感動を呼び起こす身振りに関しても、あの場合の情況では、あなたのおっしゃる通り霰弾の一斉射撃以上に良いものはちょっと考えつきませんな。

婦人　事実、将軍様がトルコ兵と話し合うとしたら、どんな言葉で、どんな器具の助けを借りてなさったことでしょう？

公爵　僕はあなた方が福音精神でトルコ兵達に感化を及ぼすことができただろうなどとはまったく言ってはおりませんよ。僕が言っているのは、真の福音精神で貫かれた者なら、この場合にも他の場合と同様に、誰もが持っているあの善を、暗く汚れた心の中に呼び醒すことができただろうということです。

Z氏　あなたは本当にそのように考えておられるのですかな？

公爵　この点に関してはいささかの疑惑すらありません。

Z氏　ところであなたは、キリストが福音精神によって十分に貫かれていたと思いますか、それともそうでないと思いますかな？

公爵　どういうことでしょうか？

Z氏　私の知りたいのはつまりこういうことなのですよ。ユダヤ人やヘロデやユダヤの祭司長や、それにあの悪しき盗人（共に十字架上にかけられていながら、十字架上のイエスを嘲笑した犯罪人——訳者）の魂の中に秘められている善を呼び醒すため、キリストはなぜ、福音的な霊の力を働かせなかったのでしょうか？　なお、この悪しき盗人のことは、良き盗人が問題にされる際どういうわけか、いつも忘れられてはいるのですがね。ポジティヴなキリスト教的見解よりすると、この場合克服できぬ困難さというものはあり得ないのです。そこで、あなたは、次の二つのうちのどちらかを犠牲にせざるを得ないということになりますな。つまり、キリストや福音書を至高の権威としてすぐにひきあいに出すあなたの習慣か、それともあなたの倫理的な楽観論か、どちらをお棄てになりますかな。なぜなら、第三のかなり轍のついた方法というものは——つまり、福音書の事実そのものを後世になって虚構されたとか『僧侶的』な解釈だとかいって否定する方法は——この場合あなたには許されていないのですからな。あなたがご自分の目的のために四福音書の章句をどんなに歪め、はしょろうとも、キリストが残忍な迫害を受け、その敵たちの悪念により死刑に処せられたという福音書のあの要《かなめ》は、やはりそのまま反駁の余地のない事実としてあなたの論旨の中に内在しているのですからね。キリストご自身は道徳的・精神的にこの世の全てのものよりも高く優れた方であられた。キリストはその敵たちに抵抗しようとはされず、彼らを赦された——この点では私の見解も、あなたの見解も同じですよ。だがなぜ、キリストは、敵を赦しながら、その敵を取り巻くあの恐しい闇から彼らの魂を救わなかった（あなたの説によると）のですかな？　なぜキリストは、その柔和な力で彼らの悪念を打ち破らなかったのでしょう？　なぜキリストは、彼らの中に眠っている善を覚醒させ、彼らを霊的に啓蒙し、更生させなかったのですかな？ つまり、なぜキリストは、ユダ、ヘロデ、ユダヤの祭司長たちに、たった一人の善き盗人に働きかけたのと同じ、あの感化を与えなかったのですかな？ やはり、できなかったか、あるいはそれを望まなかったということになりますな。どちらの場合でも、あなたの御説によると、キリストは十分に真の福音精神で貫かれていなかったということになります。しかも、私の思い違いでなければ、何か他の話題を話していたのではなく、キリストの福音ということを問題にしていたのですよ。つまり、お気の毒ながら、あなたの結論は、キリストが真のキリストの精神によって十分に貫かれていなかったということになるのです。

公爵 将軍さんと『キリストの旗のもとにある』剣で決闘するのはご免こうむるのと同様に、あなたとの言葉での太刀打ちも、もはやご免こうむりますよ。……（ここで公爵は席を立ち、明らかに、何か痛烈なことを言って、決闘によらずに敵を一撃で倒そうと思案していたようだが、その時近くの鐘楼が七時を告げた）

婦人 夕食の時間ですわ！ このような議論を性急に終わらせてしまうことはできませんわ。食後はヴィント（カルタ遊びの一つ――訳者）をして遊びますけど、明日、きっと、必ずこの話の続きをいたしますわよ。（政治家に向かい）よろしいこと？

政治家 この話を続けるのですと？ 私は話が終わったので小躍りしておったのですぞ！ そもそもこの議論には、宗教戦争のあの不快で一種異様な匂いがぷんぷんしておりましたぞ！ まったく時代遅れですわい。ともかく私には、私の生活がまず第一ですのでね。

婦人　しらばっくれないで頂戴！　あなたも、是非、必ず参加しなくてはなりませんわ。何です！　正真正銘の険難なメフィストフェレスのように寝そべったりして！

政治家　じゃあ、仕様がない。明日はお話に加わることに致しましょう。ただ条件がありま す。宗教の話を少なくして戴きたいですな。そいつを全然するなとは申しませんよ。おそらく不可能でしょうからな。だが後生だから、もう少し少なくして下さいよ。もう少し！

婦人　この場合、あなたが『後生だから』っておっしゃるのは、しおらしくて可愛らしいですわ！

Z氏　(政治家に)だが、宗教の話を少なくできる最上の方法は、あなたができるだけ多く発言なさることでしょう。

政治家　よろしい、約束しましょう。だが大体、話すよりは拝聴している方が、はるかに心地良いですがね。特にこんなに気持の良い戸外ではね。でも、私達のこのちっちゃな社交界に不和が生じないように――そいつは、ヴィント遊びにもひどい悪影響を与えるかもしれませんのでな――二時間だけお付き合いしましょう。

婦人　オーケーですわ！　あさってには、福音書に関する論争も落着することでしょう。公爵さんは、打ち破られることのない反論をそれまでにご用意なさるでしょう。あなたもそれに参加しなくちゃなりませんからね。少しでも、精神的な話題にお慣れになる必要がありますわ。

政治家　あさってもですって？　いやご免だ！　そんなに長くは付き合えません。それに私はあさってはニース（フランス南東岸の都会――訳者）へ出掛けねばなりませんので。

婦人　ニースへですって？　初歩的な外交辞令ですこと！　でも無駄よ。あなたの暗号はとうに解読ずみですからね。あなたがニースへ行かなくちゃならぬっておっしゃれば、ははあん、これはモンテ・カルロで遊びたいってことだなって察しがつくわ。仕方がないわ。あさっては、あなた、おられなくてもいいですわよ。数年後にはあなたにも魂魄《こんぱく》におなりになるのよ。それがこわくないなら、たんと色に溺れなさいな。モンテ・カルロへいらっしゃい。神様が、あなたの行ないに報いて下さるでしょうよ！

政治家　いや私の行ないは、神様にではなく、ただ必要な手段をつくすかどうかということにかかっているのでして。もっともあの運って奴とちょっとした予想は、ルーレットにでも、他の一切のことにでも必要ではありますがね。

婦人　ともかく明日だけは私たち皆そろわなくてはなりませんことよ。

第一の会話訳注

1　原語フリストリュビーヴォエ Христолюбивое は、「キリストを愛する」という意味だが、この形容詞が「軍隊」（ヴォーインストヴォ Воинство）という名詞にかかると、革命前のロシア帝国軍隊を呼ぶときの一般的な呼称となる。かつてのわが国の軍隊を「皇軍」と呼んだようなもの。

2　痴愚行者とは自発的に白痴のような身ぶりや話しかたをし、人々の間を乞食をしながら放浪してあるく、ロシア独特の行者のこと。「白痴姿のキリスト」とも呼ばれる。プーシキンの『ボリス・ゴドノフ』中に登場する白痴ニックが痴愚行者である。この行者のうち聖者の列に加えられた者には、聖バージル、聖イザク等がいる。

3　**ナルヴァの戦い**――北方戦争開始の一七〇〇年、ナルヴァ（現在のエストニア地方）に進撃したピョートル一世の率いるロシア軍は、そこでカルル一二世のスウェーデン軍に打ち破られる。

アウステルリッツの戦い――一八〇五年一二月、ロシアのアレクサンドル一世およびオーストリアのフランツ一世の連合軍は、オーストリアのアウステルリッツでフランスのナポレオン軍に敗れた。

ニスタットの和――一七二一年九月フィンランドで締結された北方戦争を終結させるための講和。この講和でロシアはリヴォニア・イングリア・カレリアの一部、バルト海の島、およびスウェーデンからの賠償金を得た。

キュチュク＝カイナルジヤ条約――一七七四年七月オスマン帝国のアブデュル＝ハミト一世とロシアのエカチェリーナ二世との間でドブルジヤのキュチュク＝カイナルジヤで結ばれた講和。これによってロシアはアゾフ・ドニエプル河口、ケルチ・イェニ＝カレ・クバン、テレク地区を獲得、さらに黒海の自由航行権、ダーダネルス・ボオスフォラス海峡出入権、通商特権、ならびにトルコからの賠償金を得た。

4　ウラジーミル・モノマフ（在位一一一三―二五）、イジャスラーウィ公の死後、キエフの町の混乱状態をしずめ、キエフ公侯となり、他の都市の諸公を自分の臣下とした事実上の古代ロシアの統一者。諸外国とも姻戚関係を結び、ビザンチンの紛争に干渉し、またしばしルーシを脅かしていたノルマン民族チュルク語族のポロヴェツ人に対し何度も大遠征をしかけ、ついに彼らをしてキエフ・ルーシに対する襲撃を断念させた。彼の伝説的な形象は『ラヴレンチェフスキイ年代記』や『イパーチェフスキイ年代記』などいくつかの年代記の中に生き生きと描かれている。

このようにいったんは統一の兆しを見せたルーシの地も一三世紀初頭より侵入しはじめたタタール民族によってタタール羈絆と呼ばれる時代をむかえる（一二五〇〜一四八〇）後述。

羈絆後のロシアの地固めをしたイヴァン三世の後、イヴァン四世（雷帝、一五三〇〜八四、在位は一五三三〜八四）がモスクワ大公ならびに全ロシアの〝ツァーリ〟として現われる。彼は親政をとったのち、ドヴォリャーニェ（士族）の協力のもとボヤーリエ（大貴族）をテロル方策によって次々と断罪した。

5　**ラヴレンチイ**──『ラヴレンチェフスキイ年代記』の作者。一四世紀後半に生きた修道僧。この年代記には一二世紀にかけてのロストフおよびウラジミル＝スザリス地方の出来事が記されている。

イパーチイ──ここでは『イパーチェフスキイ年代記』の作者を指すのであろう。だが実際はこの年代記の作者は不明。書名はこの年代記がコストロム・イパチエフ修道院に帰属していたところより生じた。三巻にわかれ、一二九二年までが記されている。三巻目にウラジーミル・モノマフに関する記載が見られる。

6　ソロヴィヨフ自身、露土戦争（一八七五〜七八）には強い興味を示し、『モスクワ報知』誌の特派員として戦場へ赴こうと企てた（別巻『ソロヴィヨフとその時代』参照）。

第二の会話

Audiatur et altera pars.
（第二の面も拝聴すべきなり）

翌日、約束どおり夕食前、私はしゅろの木影の茶卓に他の客達とともに坐っていた。ただ公爵の姿がまだ見えなかったので、しばらく待たねばならなかった。私は、カルタ遊びをせずに、夜のうちにこの第二話を最初から最後まで記録した。『政治家』は今回は、饒舌で『長たらしく複雑な』言いまわしをしたので、私はそれを文字どおり正確に筆記することができなかった。彼の喋ったとおりの言葉をかなり十分に引用し、全体の調子も残そうとは努めた。だがむろん、多くの場合、彼の話の本質を私自身の言葉で伝え得たにとどまった。

政治家　すでに以前から私はある奇妙なことに気づいていました。というのは、何か高邁なモラルをお題目として唱えておる連中が、最も単純で欠かすことのできないあの礼儀というものを身につけておらぬのです。私はこれこそ唯一の必須徳目だと思っておりますのに。ですから、高邁なモラルというイデー（あえてイデーと申しますが）にとりつかれておる人々が、わがロシアに比較的少ないのは神に感謝するべきでしょうな。大体、私はそのようなイデーにお目にかかったこともないし、またそのようなものが実在するなどと信じる根拠も持ちあわせていませんのでね。

婦人　まあ、またまた古くさいことをおっしゃるのね。でも礼儀に関するあなたのお説はもっともだと思いますわ。le sujet en question（本題）に入らないうちに、礼儀が唯一の必須徳目だということを証明して下さいな。序曲が始まる前にオーケストラでは楽器の音合わせをするでしょう。あれと同じように、軽い気持でお願いしますわ。

政治家　さよう、今のような場合には、一つ一つの音が響くものですからな。それに公爵殿のご到着までは、少なくとも他の話題を差しはさんで話を邪魔する者もおりますまいから、話の筋は一本に絞れるでしょう。ふむ公爵殿の前で礼儀の話をするのは、礼を失することになるかもしれませんな。

婦人　もちろんですわ。ところで、あなたの証明は？

政治家　あなたもご同意下さるでしょうが、私の思いますには、賢者も無欲な人も自己犠牲者も一人もいないような社会でだって、私達はちゃんと生きてゆけるのですよ。少なくとも私は、そのような汚れた仲間の中で、いつだってうまくやっておる……

婦人　たとえば、モンテ・カルロででしょう。

政治家　モンテ・カルロでだとて、あるいは他のどんな場所でだってです。最高の徳目を身につけた聖者など一人だとていてほしいとは思いませんな。ところが礼儀を身につけぬ人間ばかりの社会に、ほんの一時でも住めたら住んでごらんなさい。

将軍　あなたがどんな仲間のことを言っておるのか知らんが、ヒヴァ（アラル海南方地方――訳者）やトルコの連中の中にあって、礼儀以外の他のどんな徳目も持たずに無事済むとは思えぬがね。

政治家　中部アフリカを旅行するものに必要なのは礼儀だけではないとおっしゃりたいのですな。私は文化的な人間社会での正常な日常生活のことを話しているのですよ。そこでは、最高の徳目の類いや、いわゆるキリスト教などというものはまったく必要ないのです。（Z氏に向かい）あなた、かぶりを振っておりますな？

Z氏　私は、先日知らされたある悲しい出来事を思いだしていたのです。

婦人　どんなことですの？

Z氏　私の友人のN氏が急死したのです。

将軍　あの有名な小説家のか？

Z氏　そうです。

政治家　そういえば、新聞によると何だか彼の死には疑わしいところがあると出ていたようだが？

Z氏　そのとおり、問題はその疑わしさにあるのです。

婦人　でもなぜあなたは、今そんなことを思い出したりなさったの？　まさか、その方は誰かから無礼を受けて亡くなられたわけじゃないんでしょう?
Z氏　その逆なのです。自分自身があまりに礼儀正しすぎたため死んだのです。彼の死因はそれ以外には考えられない。
将軍　この点でもわしらの見解は一致をみておらぬようだ。
婦人　さしつかえなかったら、話して下さいませんこと。
Z氏　よろしいですとも。何も隠すべきことなどありはしません。私の友人も、礼儀というものを、唯一の徳行とまではゆかぬまでも、社会道徳の第一の必要段階だと考えておりました。そして礼儀上必要とされることを全て行なおうという厳しい義務を自分に課していたのです。ところで彼は次のようなものまでも礼儀であるとみなしていたのです。たとえ未知の人から来たものでも、手紙という手紙には全て目を通し、また批評を求めて彼に送られてきた書物やパンフレットも残らず読んだのです。そして手紙には一つ一つ返事を出し、頼まれた批評は悉く書いて渡しておりました。総じて、自分の所へ持ち込まれた依頼や請願はみな果たそうと努め、その結果彼は、昼間は他人ごとにあくせくし、ただ夜のみを自分の仕事にあてていたのです。さらにあらゆる招待に応じ、また自宅を訪問してくる客達を残らず接待しておりました。私のその友人がまだ若く、強い酒に容易に溺れることができた間は、礼儀正しさ故に自分の身に課したこの懲役的な生活も、彼を苦しめはしたけれど、まだ悲劇には至らなかったのです。彼は酒によってうさをはらし、絶望から救われました。すんでのことで首を括りそうになっては徳利にすがりつき、一杯ひっかけ、陽気になって、また自分の鎖をひきずっていったのです。だが彼は身体が弱く、四十五歳の時には強い酒は断たなくてはならなくなりました。さて素面《しらふ》になってみると自分の懲役生活が地獄のように思われてきたのです。そして今私は、彼が自ら命をたったという知らせを受けたわけです。

婦人　まあ！　これが礼儀正しさより生じたことですって？　その人は、ただの気違いにすぎませんわ。

Z氏　彼が精神の均衡を失っていたのは疑いありません。だがこの場合『ただの』という言葉はあまり適切ではないと思いますね。

将軍　さよう、わしもこれと同様の乱心のケースを見たことがある、そいつをよく調べてみたなら、おそらくわしだって同じ様に気が狂ったに違いないさ。乱心とはまったく『ただの』何てものじゃない。

政治家　だがともかくも、この場合には礼儀とは何の関係もありゃしませんよ。九等官ポープリシチン（ゴーゴリ『狂人日記』の主人公——訳者）が気が狂ったからといってイスパニヤ王のせいじゃないように、礼節の義務のためにあなたの友人が狂ったわけじゃありませんよ。

Z氏　むろん私は礼儀正しさというものに反対しているのじゃありません。ただそれを何らかの絶対的な規範にまで高めるのに反対をしているのです。

政治家　あらゆる絶対と同様に、絶対的な規範というものも、常識や実際的な生活感覚を失った連中が考え出したたわごとにすぎませんよ。私はどんな絶対的な規範も認めません。私が認めるのはただ必然的な規範だけですよ。たとえば、私が身だしなみのルールを守らないなら、私自身もまた他の人も不快な気持になるということを私は知っています。不愉快な気持になったり、他人をそのような気持にさせないようにと願うので、私は毎日洗顔し着物を着かえる等々の規則を自発的に守っているのですよ。何もそれは、この規則が他人や私自身によって認知されているからではないし、またそれを破ったら罪になるというような何か神聖なものだからではないのです。そうではなく、この規則を破ったら ipso facto（事実上）生理的に不都合だという理由にすぎません。

礼儀に関しても総じて同じことで、身だしなみも、その一部なのです。全ての人と同様、私にとっても、礼節の規範というものは、破るよりは守った方が都合が良いのです。だから私はそれらを守っているのです。だが、礼儀のために、自分がどんなに不便でまた損をしようと、あらゆる手紙や依頼に答えねばならぬと、あなたの友人が想像したとするなら、そいつはいきすぎでしょうな。これはもう礼儀などというものではなく、何か愚しい自己犠牲にすぎませんよ。

Z氏 彼の場合は、良心が発達しすぎてマニヤ的になってしまい、彼を滅ぼしてしまったに違いありません。

婦人 でも、そんなくだらないことのために一人の人間が滅びてしまうとは、何て恐しいことなのでしょう。あなたはその方の迷いを解いて差し上げることができなかったの？

Z氏　あらゆる手をつくしました。半分痴愚行者風ではあるが、恐しく魅力的な、快楽主義者のある巡礼が私を強く助けてもくれたのです。私の友は彼をとても尊敬しておりました。時折り彼に精神的な悩みを相談したりしていました。この巡礼は、悪の根がどこにあるかただちに見ぬきました。私はこの男を良く知っていたので、時折り彼らが話し合っているところに居合わせたりしました。私の友が彼に精神的な疑惑を——この点で自分は果たして正しいのか、あるいはその点で罪を犯してはいないだろうか、などと打ちあけはじめるや、ヴァルソノフィイ（熟睡者の意か——訳者）はすぐにそれを押しとどめたのです。

「えい！　何だ！　自分の罪のことにくよくよすることなど、くだらない、やめちまいな！　わしはお前さんにこう言いたいね。一日に五百三十九回罪を犯しな。だが肝心なのは後悔するなってことさ。罪を犯して後悔するなんてことは誰にだってできる。お前さんは、ひっきりなしに罪を犯すがよい。だが絶対に後悔しちゃならぬ。罪が悪なら、この悪を思い出すことは、悪念にほかならないじゃないか。ほめた話じゃあるまい。そして、何にも増して悪い悪念は自分の罪を思い出すってことなのだよ。他人がお前さんに対して加えた悪事を思い出す方がまだましさ。こいつは役に立つからね。以後はそのような連中を警戒するようになるからね。だが、自分が犯した罪のことは忘れてしまえ。始めからそんなものはなかったことにするのだ。死に至る罪がただ一つある。そいつは、意気消沈という奴さ。なぜならこいつから絶望が生じる。そして絶望という奴は、もはや罪などというものじゃなく、精神の死にほかならない。ところで他にどんな罪があるかね？　飲酒かね？　だがそもそも賢い人間という者は、自分の分量を知っており、無茶飲みはしない。ところが馬鹿者ときたら、噴水の水ほども飲み干しちまう。つまり、問題は酒にあるのではなく、無知にあるのさ。ある者達は無知故に火酒で焼け爛れ、内臓ばかりじゃなく全身黒焦げになっちまう。身体中を火がかけぬけるのさ。俺自身の目で見とどけたのだが、火炎地獄が身体の中からあからさまにのぞき出ているというのに、罪も糞もあったものじゃない。第七戒（モーゼの十戒の七番目の姦淫を禁じた戒めをここでは広義に解釈している――訳者）に対する様々なこの種の破戒は、正直のところ、正しく裁くのはむつかしいにせよ、決して誉めたものじゃあるまい。ましてや決して薦められるものじゃない！　むろんその愉しみはこたえられない――こりゃ説明の要などない――だが最後には、陰気になって、命が縮まっちまうのさ。俺のいうことが信じられぬのなら、ほらドイツの学識あるドクトルが書いたこいつを見るがいい」

そういうとヴァルソノフィイは書棚より古びた書物を取り出し、頁をめくりはじめたのです。

「お前さん、題名からして大したものだ。グッフェランドの長命術！　ほら、ここの一七六頁を見な……」そして彼は、その頁を繰り返し通読しました。そこは、このドイツの著者が、生命力の浪費を熱心に警告している頁でした。

「ほら見な！　何で賢い人が自分に損なことにはまり込んじまうものかね？　むろん分別の足りぬ若いうちは、何が何やら無我夢中。だが年とってくるとそうじゃない。身体の方が大事になるのさ。つまり、昔のことを一切合切思い出しては悲しむのさ。何でこの罪深い俺は、純潔を失くしちまったのか？　魂の純潔と肉体の清さを失っちまったのか？ってね。だがこんなことは愚の骨頂さ。自分を悪魔の野郎にそのまま売り渡すことなのさ。もちろん悪魔の奴にとってみりゃ、お前さんの魂が前進も向上もせずに、依然としてぬかるみの中にとどまっているのは喜ばしいことだろうよ。だが俺はお前さんに忠告する。悪魔の奴がこのような後悔によってお前さんを苦しめたなら、反吐をはきかけ、こう言ってやりな。この重い重い俺の罪はどれもこれも俺にとってはとても大切なものさ！ってね。きっと悪魔は消え失せるさ。こりゃ、俺の経験から言うんだ……それとも何かい、お前さん法を犯しとるのかね？　おそらく盗みなんかしとらんだろう？　もし、しておったとしても大したことじゃないさ。今のご時世にゃ皆盗みぐらいしとるんだからな。つまり、こんなつまらんことにくよくよせずに、ただ一つのことを気をつけりゃいいのさ。すなわち意気消沈せぬことさ。もし罪の意識が浮かんできたら——誰かに対し何かの加減で侮辱的なふるまいをしたなどということを思い出したら、芝居にいくなり、何か愉快な仲間と一緒にふざけるなり、あるいは滑稽な本でも読むがいい。どうしても俺から規則を聞き出したいというなら、ほらこいつがお前さんに与える規則なのさ。信仰は確《かた》く保ちなされ。だがそれは罪が恐ろしいからじゃない。賢い人間にとっては神様と一緒に暮らすこと自体がこの上もなく快よいことなのであって、神様のいない生活はかなり不快なものだからなのさ。神様の御言を深く理解なされ。たとえ詩の一行だとて、本当に理解しながら読むのなら、万巻の書にもまさるのさ。毎日、一度でも二度でも心をこめて祈りなされ。おそらくお前さんは、顔を洗うのを忘れたりはすまい。心のこもった祈りは魂にとって、どんな石鹸よりもすぐれたものさ。胃やその他の内臓を丈夫にするために断食をしなされ。このことは今じゃあらゆる医者が四十過ぎの者に忠告しとるじゃないかね。それから、他人ごとなどにかかずりあうことはやめなされ。自分の仕事というものがあるなら、慈善などに心を奪われなさるな。貧しい者に出会ったら勘定などせずに恵んでやりなされ。やはり勘定などせずに教会や修道院に寄付をなされ。天にある会計検査院で見落としなく一切が勘定されておるのだから。そうしたら、お前さんは心も身体も健康になるじゃろう。自分の心が空っぽなので、他人の心の中に忍び込んでいくような偽善者などとは話をしないに限るのさ」。このような勧告は、私の友人の上に良い感化をおよぼしました。でも、最後には、腐ってゆく心の汚染をどうにも防ぐことができなかったのです。それに彼は最近はヴァルソノフィイと会うことも滅多になくなってしまっていたのです。

政治家 あなたのこの巡礼は、本質的には私と同じことを自己流に語っておりますな。

婦人 そりゃなおさら結構ですこと。でも実際何て奇妙なモラリストでしょう！ 罪を犯せ、だが肝心なのは後悔せぬことだなんて。気に入ったわ。

将軍 だが、わしは思うのだが、彼はこのことを有象無象の誰にでも言うのではあるまい。人殺しとか放蕩者のような人間にはおそらく別の調子で教え諭すのだろう。

Z氏 そりゃ、もちろんですとも。でも彼は、他人の精神的苦悩に気づくやたちまち哲学者になったり運命論者にさえなったりするのです。彼は、あるとても賢い教養高い老婦人を無我夢中にさせたことがありましたよ。彼女はロシア正教を信じておりましたが、教育は海外で受けた人でした。そしてヴァルソノフィイに関していろいろな噂を耳にしており、彼に対して directeur de conscience（良心の管理者）に対するように接したのです。しかし彼は彼女に、自分の魂の苦悩をくどくどと喋らせせなどはしませんでした。

「何でお前さん、そんなくだらぬことでくよくよするのだ！　そんなことしたって、誰も有難がりゃしないさ。俺のような土百姓にだっておお前さんの話は退屈きわまるのに、いったい神様がそんなものに興味をお示しになるとでも思っているのかね！　それに、言うまでもないが、お前さんは老いさらばえて弱々しい。どうやったって今より良くなどなりゃせぬさ」

この老婆は目に涙を浮かべ笑いながら私に話してくれたのです。むろん彼女はヴァルソノフィイに反論しようとしました。しかし彼は、古い昔の隠者たちの生活を題材にしたある物語を持ちだして、とうとう彼女を言い負かしてしまったのです。彼はこの物語を私とN君とによく語り聞かせてくれたものです。良い話なんですが、今そいつをお聞かせするにはちょっと長すぎるようですな。

婦人　じゃあ、かいつまんで話して下さいな。

Z氏　やってみましょう。ニトリヤの荒野で二人の隠者が修業していました。彼らの洞窟は程近い所にあったのですが、まだ一度も言葉を交わしたことはありませんでした。ただ時折り聖歌を歌いあっておりました。そのようにして多くの年月が流れました。彼らの名声はエジプトやその近郊の国々に広まりはじめました。ところがある時、悪魔が同時に二人の魂の中に同じ一つのたくらみを植えつけたのです。そこで二人は、一言も言葉を交わすでもなく、しゅろの葉や枝で編んだ籠や敷物などの手細工を携え、アレクサンドリヤめがけて一緒に旅立ったのです。その都で彼らは自分らの手細工を売りさばき、三日三晩酔いどれ女や淫売婦らと戯れた後で、荒野へと戻っていったのです。二人のうちの一人は大声で泣き叫び、自分の身を苛みはじめました。

「わしはまったく罪深い。今すっかり駄目になっちまった！　どんなに祈ろうと、このような罪業、このような汚れは償うことができぬのじゃ。断食も通夜の業も祈禱も何もかも無駄になっちまった。一切はあっという間に駄目になっちまった。もうとりかえしはつかない」

ところが、もう一人は彼と並んで歩きながら、喜ばしげに讃美歌を高らかに歌いつづけています。

「お前、一体気でも狂ったのか？」

「何でだね？」

「一体お前、何も後悔していないのか？」

「何を後悔しなくちゃならぬのかね？」

「何だって！　アレクサンドリヤのことは？」

「アレクサンドリヤがどうかしたのかね？　あの敬虔なる名高き都の護り主たる至上の主に栄

光あれかし！」

「だが、わしらはアレクサンドリヤで何をした？」

「わかりきっているじゃないかね。籠を売って、聖マルコを礼拝し、その他の神殿を参拝し、敬虔な市長の官舎に立ち寄って、ドミニコ会の修道長レオニラ様と会見し……」

「だが、わしら、淫売窟に泊らなかったか？」

「とんでもない！　晩方から夜にかけてをわしらは大僧正の邸宅ですごしたじゃないかね」

「ああ、何てこった！　奴は気がふれちまった……それならわしら、どこで酒に溺れたのだ？」

「わしらが飲んだのは、総主教様のテーブルでの酒さ。生神女進堂祭用（旧十一月二十一日ロシア正教の祝日）にとっておかれた酒なのさ」

「哀れな奴！　憂さをわすれるため一体わしらは誰と接吻したのだ？」

「大都アレクサンドリヤ、および全エジプト、リビアならびにペンタポリスの聖なる大主教であり、全世界の審判者であるキル＝チモフェイ様が別離の際、神に選ばれし僧院の司祭や兄弟たちともども、わしらに聖なる接吻を賜わったわい」

「お前は、一体、わしを愚弄しとるのか？　それとも昨夜の汚らわしい出来事によって悪魔がお前に乗り移ったのか？お前は、あの忌わしい売女らと接吻したじゃないか。この罰当りめ！」

「誰に悪魔が乗り移ったのか、そりゃわからんさ。神の御恵みとわしらに対する長老の方々のご好意に感謝し、全ての被造物ともども天の父を誉め讃えているこのわしに乗り移ったのか、それともおそろしく腹をたて、聖なる師父および教父様のお屋敷を淫売窟と呼び、教父様ご自身やそのお仲間をまるで本物の売女のように罵っているお前さんに乗り移ったのかはね」

「えい！　この異端め！　ろくでなしめ！　神を冒瀆する悪魔の子め」

そう言うや、自分の罪を懺悔していたこの隠者は仲間にとびかかり、力一杯彼を殴りはじめたのです。このあと彼らは黙々と自分の洞窟へと帰ってゆきました。一人は夜通し苦しみ続け、呻きと号泣を荒野に轟かせ、髪をかきむしり、大地に身体を投げつけ、頭をそこにぶつけています。ところがもう一人の方は、静かに喜ばしげに讃美歌を歌っております。朝になって、後悔に身を焼いている男の頭に次のような考えが浮かびました。わしは多年に渡る功績のおかげで聖霊の特別の恩寵を受け、既にそれは奇跡やしるしとなって現われ出ようとしていた。ところが今度のことで、わしは肉欲の虜となり、聖霊に対する罪を犯してしまったのだ。神のみことばによると、この罪は現在も未来も永劫に許されることがない。わしは天上の清浄という真珠を、心の中の豚に、悪霊に、投げ与えちまったのだ。奴らはそれを踏みつけ、きっと今にも襲いかかってきて、このわしを引き裂くことだろう。いずれにせよ、完全に滅びてしまった今、いったいこの荒野で何をしろというのだ？　そこで彼はアレクサンドリヤに行き、自堕落な生活に陥ってしまったのです。そしてとうとう、金に困って、同じ様な他の放蕩者と謀って金持の商人を殺害し金を奪ったのです。ことが露見し、彼は裁判にかけられ、死刑を宣告され、ついに懺悔をすることなく死んでいったのです。
一方、彼の以前の同胞は苦行にはげみ、至聖の段階にまで至り、偉大な奇跡をすることによって、その名を轟かしました。彼がひとこと言葉をかけると、石女が孕み、男児を何人も出産したのです。臨終の日になると、やつれ、ひからびた彼のからだが、突然美と若さの花が開いたように輝きだし、あたりに芳香がみなぎったのです。死後、その奇跡に満ちた力を讃えてその地に僧院が建てられ、彼の名はアレクサンドリヤの教会からビザンチンの本山へと伝えられ、またそこからキエフとモスクワの教会へと言い伝えられたのです。この話のあとヴァルソノフィイはつけ加えて言ったものです。「ほらみなされ、俺の言ったことは本当だろう。どんな罪も不幸ではない。ただ意気消沈して陰気になることだけが不幸なのさ。その他の罪は二人とも一緒に犯したのだが、滅びたのは一方だけ、つまり意気消沈しちまった方だけなのさ」
将軍　ほらみたまえ。坊さんだって精神を鼓舞しなくちゃならぬのだ。ところが、今じゃ軍人達を意気消沈させようとしておるのだ。
Z氏　私達は、礼儀という問題からちょっと脱線してしまったようです。でもそのかわり、会話の主題へとまた戻ったことになります。
婦人　ちょうどいい時に、とうとう公爵さんがお見えになったわ！　ご機嫌よう！　わたしたち、あなたのお留守の間に、礼儀というお話をしていましたのよ。
公爵　どうも失礼しました。どうしても脱け出せなかったのです。僕のとこの出版社や他のいろいろな出版社から山ほど出版物を受けとったものでして。あとでお見せしましょう。

婦人　まあ、よろしいでしょう。あなたのお留守の間に伺った二人の修道僧に関する貴い寓話の仔細は、あとで私からお話ししましょう。今日の発言権は、秘密めかした実際主義者のモンテ・カルロのお方が持っていますのよ。さあ、昨日のお話の続きとして、今度はあなたの戦争観をお伺いしたいですわ。

政治家　昨日の話の中で私の記憶に残っているのは、ウラジーミル・モノマフの引用ばなしと、将軍殿の戦争談ですな。問題の考察をさらに進めてゆく上において、**このふたつ**の例を出発点にいたしましょう。ポロヴェツ人たちがロシアの地を脅かしていた時にモノマフのとった行動は正しく、また将軍殿がトルコ非正規軍を打ち破ったことは立派であるという点に反論のあろう筈はありません。

婦人　つまり、あなた同意なさるのね？

政治家　これから皆様にお話し申そうとする点において同意するのです。つまり、モノマフも将軍殿も、その情況にあっては、当然なさねばならぬことをしたのです。だがだからといって、この状況そのものを評価すべきだということにはならぬし、また戦争や軍国主義を正当化し恒久化すべきだという結論は出てはこないでしょう？

公爵　僕の言わんとすることも、まさにそのことなのですよ。

婦人　今度は、あなたは公爵さんと同意見ですの？

政治家　問題に対する私の見解を述べさせていただければ、どの点で誰と同意見なのかおのずからおわかりになられるでしょう。私の見解は、歴史の明白な現実および事実から論理的に導き出したものにすぎないのです。国家が創設され強化されてゆくための、唯一無二とまではいわぬまでも、主要な手段として、戦争の歴史的な意義を認めることに、一体反論の余地がありましょうかな？　戦争をしないで創設され強化された国家がありましたら、一つでも結構ですから、示していただきたいものですな。

婦人　北アメリカは？

政治家　素晴しい例をありがとう。だが、私は国家の創立について語っておるのです。もちろん、北アメリカはヨーロッパの植民地として、他のあらゆる植民地同様に、戦争によってではなく航海によって創設されました。ですが、この一植民地が国家になろうとした時、それは長年に渡る戦争によって政治上の独立を獲得せざるをえなかったのですよ。

公爵　国家が戦争という手段によって創設されたという事実から、あなたが結論づけようとなさっていることは、もちろん疑いもなく戦争が重要なものだということですね。でも、私の考えによれば、この事実より、国家というものが重要じゃないという結論こそ出てくるのです。このことは、権力崇拝を拒否している人たちにはわかりきったことですよ。

政治家　すぐにまた権力崇拝とくる！　何でだね？　あなた、強制的な国家形態をとらずに、強固な人類共同体を樹立してみなさい。あるいはせめてご自分だけでも、国家形態の中に保持されている一切のものを実際に拒絶しなさい。そのあとで、国家など重要でないとおっしゃるがよいでしょう。その時までは、国家もまたその国家が私やあなたに与えてくれる一切の恩恵も、やはり偉大な事実として厳然と存在し続けるし、国家に対するあなた方の攻撃の声も大きな力を持つことはできぬでしょうよ。さて、もう一度繰返しますが、戦争が国家創設の際の主要な条件であり、それ故歴史的に大きな意義を持っているのは疑う余地のないことです。でも、お尋ねしますが、国家を創設するというこの偉大な事業は、その本質面においてすでに完成されたとみなしてはならないでしょうかな？　むろん、いろいろな細かなことは、戦争というヒロイックな手段を用いずとも成し遂げることができます。ヨーロッパ文化の世界が、多かれ少なかれ野蛮な諸種族という大海の中の孤島にすぎなかったような古代および中世には、直接的な自衛手段として戦争機構というものが必要でした。文明のか弱い芽を踏み荒しに、どこからともなく攻撃をしかけてくる様々な蛮族に対する備えが常に必要だったのです。だが今は、非ヨーロッパ的なエレメントの方がもっぱら島にたとえられるのであって、ヨーロッパ文化は大海となって、これらの小島を洗っておるのですぞ。わがヨーロッパの学者らや冒険家、伝道者たちは、全地球を限なく探ってみたのですが、文明世界にとって由々しき危険となるようなものはどこにも見いだせなかったのです。蛮族たちは滅ぼされ絶えつつあるし、トルコ民族や日本民族のような好戦的な蛮民らは、文明化され、次第にその好戦性を失ってきているのです。一方ではヨーロッパの諸国は団結し共同の文化生活へとむかい……

婦人　(小声で) モンテ・カルロね……

政治家　共同の文化生活における団結が強化された結果、国際紛争を平和的に解決することが可能になり、そのためこれらの国家間の戦争は、あらゆる関係のこじれからくる内輪喧嘩の性格をそのまま帯びるようになりました。現在、それらの国際紛争を戦争によって解決しようとするのは、ペテルブルグからマルセイユまで帆船や三頭立馬車でゆこうとするのと同じくらい、まったくファンタスチックなことなのですよ。もっとも私も、汽船の汽笛や《En voiture, messieurs!》(皆様、ご乗車下さい) という喚き声よりも、『孤帆が白い』とか『遙か遠くにトロイカがゆく』という方がはるかに詩的だという点にはまったく異存がありませんがね。同様に、外交官の書類入れやラシャで覆われた平和会議の円卓よりは、『鋼青色の剛毛』や『揺られ煌めき連隊がゆく』という方が美学的にすぐれているという説にうなずく心構えだとてできておりますよ。しかし、このような緊迫した問題に正面より取り組む際に、その美を云々するような美学的評価に通ずる要素を内在させてはならぬのはあたりまえでしょう。しかもそのような美など現実の戦争にはまったく見られぬのです。断言しますけど、現実の戦争という奴はまったく醜悪なものなのですよ。そのような美など、詩人や画家が幻想によって創り出した夢にすぎぬのです。たとえ戦争が、詩や絵画の素材として極めて面白いものであったとしても (それなら、過去の戦争で十分でしょうよ)、現在ではそれはまったく不必要なものだということに皆気づきはじめているのです。なぜなら、そいつはあまりにも高くつくし、もっと安く確実な他の方法によって達せられるような目的にとってあまりにも危険な手段であるからです。つまり、歴史における戦争の時代は終わったのですよ。むろん、en grand（大局的に）言ってですよ。即時軍備撤廃などという論は問題外です。だが私は確信しておりますよ。もはや私たちも、私たちの子供たちも本格的な大戦争を見ることはないでしょう。孫の世代に至っては、アジアやアフリカのどこかでの小さな戦争ですら、歴史的な文献をひもといてみてはじめて知るということになるでしょうな。

さて、ウラジーミル・モノマフについての私の答えですがね。ポロヴェツ人やその後のタタール民族らから新生ロシア国家を護らねばならなかった時には、戦争は欠かすことのできない最も重要な事業でした。同様のことがある程度までピョートル大帝の時代についても言えます。当時は、ヨーロッパ国家としてのロシアの未来を確保する必要がありました。だがその後、戦争の使命は次第次第に疑問視されるようになりました。そして現代では、先程申しましたように、他のあらゆる国々同様、ロシアでも歴史上における戦争の時代は終わりを告げたのです。だが、今私が祖国に関して述べたことは、むろん mutatis mutandis（必要な変更を加えたとして）、他のヨーロッパ諸国にも言えることなのです。かつて戦争は、どこでも、国家および民族の独立を守り強化するための必要欠くべからざる手段でした。そしてこの目的を達してしまった今は、それはどこにおいてもその意味を失ったのですよ。

ついでに申しますと、ある種の現代の哲学者たちが、時代とは無関係に戦争の意味を論じているようですが、これにはびっくりいたしますよ。一体戦争に意味などありましょうかな？ C'est selon.（それは時と場合によりけりですよ）昨日まではおそらくどこでも意味を持っていたのでしょうが、今日では、アフリカと中央アジアのどこかでだけ意味を有しているにすぎんのです。そこにはまだ野蛮人が残っておりますからな。だが明日にはそれはどこにおいてもまったく意味など持たぬようになるでしょう。注目すべきことは、戦争がその実質的な意味を失うのと平行して、徐々にではあるが、神秘的な威光をも喪失してゆくということなのです。

このことは、わが国のような後進的な国民の中でさえ見られるのです。考えてご覧なさい。この将軍殿はつい昨日、誇らし気に、わが国の聖者達は修道僧でなければ軍人であると指摘なさいましたな。だが私はあなたにお尋ねしますよ。これらの聖戦もしくは軍人聖者達は歴史上のどんな時代に属しておったのですかな？　それは現実に戦争というものが、欠かすことのできない救世的な、そしてお望みなら神聖な事業であったような時代に属していたのではありませんかな？　わが国の軍人聖者達は、ことごとくキエフやモンゴル時代の大公たちであったのです。この聖者たちの間に海軍大尉とか陸軍中尉のような将校がいるとは考えられませんぞ。これはどういうことですかな？　同じように聖者になる権利を有している二人の有名な軍人のうち一人は聖者として認められておりながら、一人はそのように認められていないではありませんか。なぜですかな？　お尋ねしますが、一三世紀にリヴ人（バルト＝フォン族の原住民——訳者）やスウェーデン人を打ち破ったアレクサンドル・ネフスキーが聖者となったのに、一八世紀にトルコとフランスを破ったアレクサンドル・スヴォロフはなぜ聖者ではないのですかな（訳註1）？　スヴォロフが聖者にふさわしくない人間だといって非難することはできませんよ。彼は実に敬虔な人間であり、聖歌隊員として高らかに聖歌を歌い説教台に立ち説教をし、非のうちどころのない生活を送り、一人の情婦も持ちませんでしたよ。もちろん彼の愚かさは、彼が聖者達に加えられる上において障害になるどころか、むしろ十分すぎるほどの根拠にさえなるのですぞ。しかし問題は次の点にあるのです。つまり、アレクサンドル・ネフスキーは祖国の民族的・政治的未来を護るために闘ったのです。当時この国は、東方からほとんど半ば潰滅的な痛手を蒙り、また西方からの新しい脅威に耐えられるかどうかという瀬戸際にあったのです。そして本能的に民衆が情況の緊迫した由々しさを意識していたがために、この大公に考えられ得る限りの栄誉を与え、彼を聖者の列に加えたのですよ。ところが、スヴォロフの勲功は軍事的意味ではそれよりもっと目ざましいものではありましたが（ことにアルプス越えのハンニバル的な勇猛果敢な行軍はすばらしいものです）、何らかの切迫した要求に答えたものではなかったのです。彼にはロシアを救済する使命は課せられていなかったのです。それで彼は単に軍事的な名声を得るにとどまったのですよ。

婦人　でも、一八一二年の折り（ナポレオンのロシア遠征の年――訳者）の将軍たちは、ロシアをナポレオンから救ったのに、やはり聖者達の列には加えられていないじゃありませんこと？

政治家　いや、いや、ナポレオンからロシアを救ったなんて、そいつは愛国的なレトリックにすぎませんよ。ナポレオンは私達を征服しなかったし、また征服しようともしなかったのですよ。私達は土壇場で彼を打ち負かしました。もちろんこのことは、私達の国家的・民族的な力を示す結果となり、私達の民族的自覚をおおいに高揚はさせませんでしたよ。だが、一八一二年の戦争が何か差し迫った必要性から起こったものだとは私には思えませんな！ ナポレオンとの話し合いを続けた方がよほど賢明でしたでしょうに。もちろん彼を怒らしたからには、大きなリスクを覚悟せねばなりませんでした。そして、リスクも無事に過ぎ去り、戦争の終結も私達民族の自負心にとってきわめて満足のいく結果に終わりはしました。だがそれにひき続いて起こった様々な影響は、果たして本当に有益なものだといえましょうかな？ もし二人の力士がどちらからともなく取組み合い、一方が他方を打ち負かしはしたが、両者とも怪我一つしなかったというなら、私は勝者に対して、「あっぱれ！」というでしょうよ。だがあの戦争の場合には、このような勝者は現われなかったように思うのです。一八一二年の栄光、当時発揮された民族的な勇気というものは、その原因が何であったにせよ、今日まで語り継がれています。

まだ一二年には
聖なる史譚は健在なりき……

『聖なる史譚』は、詩にとっては素晴しいものでしょうよ！ だが私は、この結果何が生じたかを調べてみてわかったのです。一方では、フォーチイやマグニツキイやアラクチェフのような管区長らが出現し、他方では、デカブリストの乱が起こり、en somme（その結果として）三十年代になって立ち遅れた軍国主義体制がしかれ、それがセヴァストーポリの陥落を惹き起こしたのです（訳註2）。

婦人　でも、プーシキンは？

政治家　プーシキン？……なぜプーシキンなど？

婦人　でも私、最近新聞で読んだのですけど、プーシキンの国民詩は、一八一二年の戦争の栄光から生まれたそうよ。

Z氏　詩人の姓よりお判りのように、まんざら大砲と縁がないわけでもなさそうですな（プーシキンという姓はプーシカ〈大砲〉という語に由来している――訳者）。

政治家　何をくだらぬことを！　話を続けますよ。最近では、戦争が無益無用のものであるということが、いよいよ明白になってきているのです。私はクリミア戦争もきわめて高く評価しています。というのは、あの戦争が失敗したおかげで、農奴解放やアレクサンドル二世のその他一連の諸改革が誘発されたと考えるからです（訳註3）。だが敗戦の結果が――それは敗戦だけに限るのですが――いかに良いものであろうと、むろん、だからといって戦争全部を擁護することにはなりますまい。もし私が、それなりの理由もなくバルコニーから跳びおりて、手を骨折したとしましょう。この結果うまい具合に破産を引き起こすような取引にサインをしないで済んだとします。私はその不慮の事故を後になって嬉しく思うでしょう。でもだからといって、階段伝いにおりずに、何でもかんでもバルコニーから跳びおりろとは主張しませんよ。そもそも、頭のおかしくない人間なら、破産をもたらすような取り引きに応じはしないでしょうから、手を負傷する必要もないわけです。つまり良識さえあれば、馬鹿馬鹿しいバルコニーからの跳びおりも、愚かな取り引きも共に防ぐことができるのです。私は思うのですが、アレクサンドル二世の様々な改革はおそらくクリミア戦争がなくても行なわれた筈ですよ。それも、もっとしっかりと多面的になされたでしょう。でも本題から離れるので、これを証明するのはよしにしましょう。

いずれにせよ、政治上の活動を、予期しなかった間接的な結果によって評価するのはよろしくありませんな。でも、クリミア戦争それ自体、つまり、一八五三年にわが軍がドナウ河を進撃したその開始からして、理性的に見れば弁明の余地がないのですよ。今日は、トルコをエジプト太守のメフメト＝アリー（エジプト最後の王朝の建設者、一七六九〜一八四九――訳者）の脅威より救い、回教世界がイスタンブールとカイロの二中心に分割されるのを防ぎながら、（たとえ二分されようと、わが国にとってはそれほど悲しむべきことではないでしょうに）、翌日には、自分が救い強化したトルコを、ヨーロッパの連合軍と衝突する危険を冒してまで劫略しようとする――このようなやりかたを私は健全な政策だとみなすわけにはゆきませんよ。これは政策などではなく、何かドン・キホーテ的なものです。将軍殿には誠に失礼だと思いますが、最近の露土戦争も、やはりドン・キホーテ的なものとしか言いようがありませんな。

婦人　でも、アルメニヤでのトルコ軍はどうなの？　あなた、彼らを撃滅したことに対して将軍さんを誉めておられたじゃないの。

政治家　こりゃ失礼！　私の主張したかったのは、現在では戦争は無益なものとなってしまったということでして。先程の将軍殿のお話も、このことを実証するために持ちだしたにすぎないのです。職責上、実際に戦争に参加して、平和な住民に対し言語同断な獣さながらの振舞をした非正規トルコ軍に出くわしたなら、誰だって……（公爵を見つめる）『絶対原理』という先入観にとらわれていない人間なら、誰だって、感情の上からも義務の上からも、将軍殿がなさったように奴らを根絶やしにするでしょう。公爵さんのお説のような奴らの道徳的な更生などを考える余裕はとうていないでしょうな。だが私はお尋ねしたい。まず第一にこの無法の真の原因は一体誰にあるのでしょうな？　第二に軍事的介入によって何の得るところがありましたかな？　第一の問いに対しては私は良心をもって答えることができますよ。トルコ人民の激情を煽り、彼らを焦立たせ非難の声をあげさせたあの好戦的な悪政を見なさいと。そもそも、ブルガリヤに革命委員会などが山ほど出来たから、ブルガリヤ人達が殺害されはじめたのです。トルコ人達は外国の干渉によって自分の国家が滅びるのをおそれはじめたのですよ。アルメニヤでも同じことですよ。この戦争から何を得たかという二番目の問いに対しては、昨今いろんな事件が発生し、誰の目にも明白な答えが与えられていますよ。考えてみなされ。一八七七年に将軍殿は数千人の非正規トルコ軍を殺し、おそらくこれによって数百名のアルメニヤ人をお救いになりましたな。ところが一八九五年には、同じ場所でトルコ軍は、もはや百人どころではなく、数千人、あるいは数万にもいたるほどのアルメニヤ住民を殺戮しているのですぞ。もし様々な報道を信じるなら（もっとも私はそれらを信じろとは申しませんがね）ほぼ五十万程の人々が殺されているのです。むろんこれは駄法螺でしょうがね。しかし、ともかくこのアルメニヤの虐殺は、以前のブルガリヤの時よりもはるかに大規模なものでした。これこそわが愛国的・博愛的戦争の見事な成果にはほかならぬのですぞ。

将軍　理解できぬわい！　ある時は悪い政策に罪があり、ある時は愛国的な戦争に罪があるという。ゴルチャコフ公（三帝同盟を推進したロシアの外相、一七九八〜一八八三――訳者）やピット氏（イギリスの首相、第三回対仏大同盟の組織者、一七五九〜一八〇六――訳者）が軍人だったとでも思っているのかね？　それともディズレーリ（イギリスの政治家、数々の保守的政策でイギリスを安泰にさせた。一八〇四〜八一――訳者）やビスマルク（プロイセン・ドイツの政治家、鉄血政策によりドイツの地位を安泰にさせた。一八一五〜九八――訳者）がロシアの愛国主義者、博愛主義者であるとでもお考えか？

政治家　私の説明がまだ足りないのですかな？　私が念頭に置いているのは、完全に疑いのない結びつきであって、何か抽象的で観念的なものなどではないのですがな。つまり、わが国の悪政の結果である一八七七年の戦闘と最近のアルメニヤのキリスト教徒虐殺とは現実に実際に固く結びついているということを言いたかったのです。おそらくご存知だとは思うが、もしそうでなかったなら、知っていた方がお役に立ちますよ。一八七八年以降、トルコはサン＝ステファノ条約により、ヨーロッパにおける将来の見通しを察知して、少なくともアジアでの地位を確保しようと決心したのです。そこでまず、ベルリン会議の席上でイギリスから保障をとりつけました。しかし、『イギリスに期待をかけても、ゆめゆめ気をゆるめるなかれ』という正しい判断のもとに、トルコ政府は、その非正規軍――つまり将軍殿と闘った例の『鬼畜のやから』――を増強してアルメニヤに駐留させたのです。これは、なるほど、もっとも至極のことだったのです。ディズレーリがキプロス諸島と交換にトルコに対しアジア領有を保証してからまだ十五年しかたたないというのに、情勢の変化の結果、イギリスの政策は反トルコ、親アルメニヤ的に変わったのです。そして、かつてブルガリアに親スラヴ主義者達が姿を見せたように、アルメニヤにイギリスからの煽動家たちが現われたのです。そこで将軍殿にはお馴染のあの『鬼畜ども』が、いわゆる時の人として登場し、約束どおり、時を選ばず、口にはいり次第、キリスト教徒たちの肉を腹一杯召上がったというわけですよ（訳註3）。

将軍　聞くも汚らわしいわい！　一体戦争に何の罪があるのだ？　神をおそれるがよい！　そもそも一八七八年に為政者たちが、軍人が職務を果たすように、きちんとその職務を遂行していさえすれば、おそらくアルメニヤのトルコ軍の増強も行なわれず、またしたがって、虐殺などまったくありえなかったはずだ。

政治家　つまりあなたは、トルコ帝国を徹底的に壊滅させるべきだとお考えなのですかな？

将軍　その通りだ！　わしはトルコ人を心から愛し、尊敬しておる。奴らは、あの様々な毛なみのエチオピア人とは比べものにならぬほど優秀な民族だわい。けれどもやはり、このトルコ帝国って奴だけは片付けちまわなきゃならぬと、ずっと以前から思っておる。

政治家　もしその後に、あなたの言うエチオピア人達が自分たちのエチオピア帝国のようなものを建てることができるなら、私はあなたのご高説に反対はしませんよ。でもやはり、そのエチオピア人たちは仲間うちで死ぬまで闘い続けるでしょうな。トルコ政府は彼らにとってもやはり欠かせないものなのですよ。それは、エルサレムにトルコ軍が駐屯することが、この地方の平和および様々なキリスト教信仰の福祉にとって欠かせないのと同じことですよ。

婦人　やっぱり思ったとおりだわ。あなたは、主キリストのお墓までトルコ人達の手に永遠に渡してしまうおつもりね？

政治家　私が無神論者であるか、あるいは宗教に無関心のためにこのようなことを言うとお思いですね？　だが実際は、私がトルコ兵のエルサレム駐留を願うのは、幼ない頃から私の中に残っている宗教感情の、かすかではあるけれど消すことのできない炎のためなのですよ。私には、はっきりとわかっています。トルコ兵がエルサレムの哨舎から離れるや否やキリスト教徒達はその場で殺し合い、キリスト教の聖地をまずめちゃくちゃに破壊してしまうでしょうよ。私の感想と結論に疑惑をお持ちなら、あなたが信頼なさっている巡礼にお尋ねなさい。あるいはエルサレムに出かけてご自身の目でご覧になるのが一番よろしいでしょうな。

婦人　エルサレムへ出かけるのですって？　おお、とんでもない！　どんなことになるやらわかったものじゃないわ……いやですわ、こわいですわよ！

政治家　ほらご覧なさい！

婦人　でも何て奇妙なんでしょう。あなた方言い争っていらっしゃるのに、お二人ともトルコ人を賞讃なさっておられるなんて。

政治家　おそらく将軍殿は勇敢な兵士として彼らを評価なさっておられるのですよ。だが私は、東方における平和と秩序の護り手として彼らを評価しているのです。

婦人　平和と秩序、結構だわ！　その彼らが突然数万の人々を殺すのよ！　無秩序の状態の方がまだ増しよ！

政治家　前にも申し上げたとおり、虐殺が起こったのは、革命的なアジテーションのせいなのですよ。どのような他のキリスト教国家にも要求しないような高度のキリスト教的博愛と寛容とをどうしてトルコ人に求めるのですかな？　武装蜂起を残酷な不正手段によらずに鎮圧し得た国が実際にあったら、教えていただきたいですな。第一に虐殺を煽動したのはトルコ人たちではありません。第二にこの虐殺に加わった正規のトルコ兵はきわめて少数であり、それも将校クラスの『鬼畜ら』の手で操られていたのです。第三に、この『鬼畜ら』に勝手気儘な乱暴を許したのはこの度のトルコ政府のゆき過ぎであったことには同意します。わがロシアで、イヴァン四世が何万人もの従順なノヴゴロドの人々を溺死させ、またフランスで国民公会の代議員らが恐怖政治を行ない、インドでイギリス人達が一八五七年の反乱（セポイの反乱のこと——訳者）を鎮圧したのがゆき過ぎであったのと同じことです。だがともかくも、将軍殿のおっしゃるように、アルメニヤ人と同宗旨、同語族のエチオピア人達に好き勝手に振舞わさせたら、トルコ人達よりも、はるかに大規模な虐殺が行なわれていたのは間違いありませんな。

将軍　何もわしは、トルコの代わりにエチオピアを持ってこようなどとは思っておらんよ。問題は簡単だろう。コンスタンチノープルを奪取し、エルサレムを奪い、トルコ帝国の代わりにロシアの屯田県を二、三設置すればよいさ。サマルカンドやアスハバトのようにね。武器を棄てさえすれば、トルコ人にだって、宗教やその他いろいろの点で十分な恩恵を施こすさ。

政治家 あなたがそんなことをまじめにおっしゃっているのではないと思いたいですな。さもないと私はあなたの……愛国心を疑わざるを得なくなります。だって、もし私達がそのような過激な意図によって戦争を始めてごらんなさい。おそらく再び反露ヨーロッパ同盟を誘発するでしょう。そして私達が解放した、あるいは解放しようとした例のエチオピア人達もしまいにはその同盟に加わるでしょうよ。彼らは、ロシアの権力下にあっては、ブルガリア人らが宣言したように「自分らの民族的な特性」を十分に発揮できないであろうことをよく知っていますからね。結局のところ、トルコ帝国を壊滅させる代わりに、セヴァストーポリの陥落の二の舞いを踏むのがおちでしょうよ。いや、私もくだらぬ政策に熱中することはあるが、トルコと再び戦うなどという狂気の沙汰にはお目にかかったことがありませんな。もしそんなことになろうものなら、愛国者達は絶望のあまり、こぞってロシアに言うでしょうよ。quem Deus vult perdere, prius dementat と。

婦人 それ、どういう意味ですの?

政治家 神は人を滅ぼすにあたって、まず理性を失わせるということですよ。

婦人 でも、歴史はあなたの理性の通りには進まないことよ。おそらく、あなた、トルコに味方なさるのと同じように、オーストリアの肩を持つのでしょう？

政治家　この問題に関しては発言するわけにはまいりません。私よりは、その資格のあるボヘミヤの民族指導者達がすでに以前に宣言しているではありませんか。「オーストリアが存在せぬなら、それを考え出さねばならぬ」って。最近ウィーンで起こった議会乱闘事件はこの警句を立派に例証しておりますよ。また、この事件は、ハプスブルグ帝国が崩壊したあと、その近辺の国国に何が起こるかということのミニチュア模型でもありますな（訳註4）。

婦人　それはそうと、あなた露仏同盟（訳註5）をどうお考えになりますの？　このことに関してはどういうわけかずっと沈黙を守っていらっしゃるわ。

政治家　さよう、今でも私はこの微妙な問題にはあまり深入りしたくありませんな。一般的に言えますことは、フランスのような進歩的で富裕な国と親密になるのは、いずれにせよ、わが国にとって有利だということです。それにそもそもこの同盟は、むろんのこと、平和と警戒の同盟なのです。少なくともその同盟を結び、維持している上層部ではそのように理解されています。

Z氏　両国の親善の結果、どのような道義的・文化的利益を得るかということに関しては、複雑な問題であり、今の私にはわかりません。しかし、もっぱら政治面より見ると、敵対するヨーロッパの二大陣営のどちらか一方に加われば、公平な裁判官、もしくは調停者としての自由な第三者的立場の有益性は失われ、またその超党派的な性格もなくなってしまうでしょう。そのようにあなたはお考えになりませんか？　一方に組し、それによって両者の力の均衡を図りながら、ついに私達は両者間の武力衝突を可能にしているのではないでしょうか？　そもそもフランス一国だけでは三国同盟と闘うことはできませんが、ロシアと組めばできるでしょうからね。

政治家　もし誰かが密かにヨーロッパ戦争を企ているのであれば、あなたのおっしゃることは完全に正しいでしょう。だが私はあなたに確言いたします。誰一人戦争を望むものはありません。本質的にはどちらにとっても好ましくない戦争という道にフランスがロシアを引きずり込むよりは、ロシアがフランスを平和の道へとどめる方がはるかにやさしいのです。何よりも安心できることには、現代国家というものは戦争を望まぬだけでなく、戦う能力を放棄しつつあるのですよ。たとえば、最近のイスパニアとアメリカの衝突を見てごらんなさい（一八九八年の米西戦争のこと――訳者）。いったいこれが戦争ですかな？　いや、あなたにお尋ねしましょう。これが戦争といえますかな？　人形芝居ですよ。ペトルーシカとお巡りさんの小競合（ロシアの典型的な人形芝居――訳者）のようなものですよ！　『長時間に渡る白熱戦の結果敵は死者一名負傷者二名を出して退却せり、わが方には被害なし』だとか『敵の全艦隊はわが駆逐艦「Money enough」号に激しく抵抗するも、遂に無条件降伏せり、双方に死傷の被害なし』どの戦争もこの調子なのですよ。無血戦争ともいえる戦争のこの新しい性格に驚くものがほとんどいないのに私はびっくりしているのですよ。私達の見ている前で変化が起こっているのです。思い出してもごらんなさい。一八七〇年と一八七七年にどのような公報が発表されたかを。

将軍　びっくりするのはまだ早いわい。二つの正真正銘の軍事国が衝突してみたまえ。その時、またどんな公報が出されることか！

政治家　思いもよりませんな。イスパニヤだって以前は一流の軍事国だったではありませんか？　だが、昔の面影はつゆほどもないですよ。からだの不要器官は退化していくでしょう。それと同じことが人類においても言えるように私には思われるのです。戦闘的な性格が不要になれば、それは消えてゆくのですよ。そいつが突然再び現われでもしたら、私は仰天しますよ。蝙蝠に突如として鷲の眼が現われ、人間に再び尻尾がはえはじめたようなものですからな。

婦人　でもそれなら、どうしてあなたは、たった今トルコ兵を誉めたりなさったの？

政治家　私は彼らを国内秩序の番兵として賞讃したのです。この意味での軍事力、あるいは、いわゆる『軍隊の力』（manus militaris）と言われているものは、まだ当分は人類に必要でしょう。だが、だからといって次のような現象をはばむことはできぬのです。つまり、民族間の戦いへと向かい、またそのような戦いが出来るような好戦的な性格、いわば民族的な喧嘩癖とでも言うべきものは、まったく消滅しなくてはならぬものですし、現に消滅しつつあるのです。そしてそのような好戦性は、議会の乱闘のような無血の（怪我がないとは申しませんが）形態をとって生まれ変わっているのです。敵対する党派や意見が存在している間は、このような現象に対する傾向性というものも残存しているでしょうし、したがって国家の内部には、それを制御するための manus militaris も存続するでしょう。けれども、民族間や国家間の対外的な戦争は、すでに、そのずっと前に単なる歴史的記録にすぎなくなってしまうでしょうよ。

将軍　つまりあなたは、キエフの魔女たちだけが残しているようなあの尻尾の跡としての尾骶骨を警察力になぞらえておられるわけだ。そいつは気のきいたエスプリだ。だが、わしら軍人を退化した尻尾と同一視するとは、あまりにせっかちすぎはしないかね？　あなたの説によると、二、三の国家が老朽し、戦争が下手になっちまったから、全世界の軍事力も衰退してしまったということになる。おそらく、ロシアの兵隊たちをも、何らかの『政策』や『制度』で骨無しにしちまうことはできるだろうよ。だがそうは問屋が卸さぬさ。

婦人　（政治家に）でも、東方問題のような歴史的な問題を戦争によらずにどのような方策で解決すべきなのか、まだお伺いしてませんわ。東方のキリスト教民族がどんなによくない民族だろうと、彼らの中に独立の気運が現われるや否や、トルコ人たちはこのことを理由に彼らを殺戮してしまうでしょう。それなのにあなたは手をこまねいて見ておれとおっしゃるの？　あなたは古い昔の戦争に対しては好意的なようね。でも、公爵さんがおっしゃったのと同じことを、彼とは違った意味であなたにお尋ねするわ。もし再びどこかで虐殺がはじまったなら、私達は今、いったいどうすればよいのかしら。

政治家　それがまだはじまっていない今のうちにもっと賢明になり、悪い政策の代わりに急いで良い政策を行なう必要があるのです。ドイツ式の政策でもよいでしょう。つまり、回教寺院に十字架を建てたりしてトルコ人達を刺激しないこと。酔って彼らを罵らないこと。私達のためにも、またトルコ人達自身のためにも、物静かに親しみをこめて彼らを教育せねばなりません。自国の住民を虐殺するのは、悪いことばかりでなく、何よりもまず誰の得にもならないまったく無益なふるまいなのだということをトルコ人達にできるだけ早く理解させるのは、直接に私達の如何にかかっているのです。

Z氏　だが、鉄道利権や貿易企業、工業企業と結びついたそのような啓蒙活動という点では、きっとドイツ人達が先を越すでしょう。そしてこの点で彼らと競争しても、これはとうてい勝算がありませんよ（原註4）。

原註4　一八九九年一〇月に書いた私のこの文章は、一ヵ月後、ドイツとトルコの間で、小アジアでの事業ならびにバグダッド鉄道の利権協定が結ばれることによって裏づけられた。

政治家　どうして競争する必要があるのですかな？　もし誰かが私の代わりに、何らかの重労働を引き受けてくれるなら、私はひたすら喜び感謝することでしょう。もし反対に、私がこのことに腹をたて、なぜ私の仕事をお前がするのだと文句をいったら、これはまったく一人前の紳士にふさわしからぬ振舞いと言えましょう。乾草の上に寝そべって自分も喰わず、他人にも喰わせない、犬のような真似をするのは、ロシアのような国家のやることではありませんよ。もし他の国が自分らの手段を用いて、私達がしようとしている善事をより迅速により上手に行なうのであれば、私達には結構この上ないことですよ。あなたにお尋ねしますがね、トルコにいるキリスト教徒たちの人権を守るためでなかったのなら、一体私たちは何のために、長年の間トルコと戦ってきたのでしょうな？　ところが、ドイツ人達がトルコを啓蒙し、平和的な方法でこの目的をより確実に達成できたとしたらどうでしょう？　エジプトにおけるイギリス人のように、ドイツ人たちが一八九五年にトルコ領のアジアにしっかりとした政策を施しておったのなら、むろんアルメニヤ虐殺は噂にのぼるはずもなかったことでしょうよ。

婦人　つまり、あなたの説でもトルコ問題にけりをつける必要があるということになるわね。ただ、どういうわけかあなたは、ドイツ人たちにトルコを征服させたがっていらっしゃるのよ。

政治家　だが、私はドイツの政策は賢明だと思いますよ。それは、このような消化不良の代物には食欲を示さないからですよ。ドイツの政策の課題というものは、もっと微妙なものなのです。つまり、トルコを文化国家の仲間に入れ、トルコ人に教育を施すのです。そして、内輪同士で憎み合って自分の仕事も平和的に行なえないような民族を彼らの手で公平に人道的に支配させようというのですよ。

婦人　あなたは夢物語を話していらっしゃるんですわ！　キリスト教民族を永遠にトルコ人達の支配に委ねてしまおうなんて。一体そんなことが可能かしら？　私だっていろいろな点でトルコ人が好きですわよ。でも、いずれにせよ彼らは野蛮ですわ。土壇場にはいつも暴力なのよ。ヨーロッパ文明は、彼らを堕落させるだけですわ。

政治家　ピョートル大帝時代、いやそのあとだって、それと同じことがロシアに対しても言われていたのですよ。私達は『トルコの残忍さ』を問題にしますが、以前にはロシアにも、その他の国にも『トルコ的な残忍さ』が残っていたのではないでしょうかな？　『回教のくびきの下に苦しむ不幸なキリスト教徒たち』ですって？　だがわが国で、悪しき地主らのくびきの下に苦しんでいたのは誰でしたかな？　キリスト教徒ですか、それとも異教徒ですかな？　笞のくびきの下に苦しんだ兵士たちはどうですかな？　だがロシアの農民達の苦しみに公正に答えてくれたのは、農奴制と笞刑の廃止であって、ロシア帝国の崩壊ではありませんでしたよ。だとすると、ブルガリア人やアルメニヤ人の苦しみに答えるために、苦悶の声が響いたり、また時には響かないこともありうるようなこの国家そのものを打倒する必要は必ずしもないではありませんか？

婦人　キリスト教国家に何らかの醜悪事態が生じると、非キリスト教民族がキリスト教民族を迫害するのとではまったく話が違いますわよ。だって最初の場合には簡単に改革がなされ得るのですもの。

政治家　トルコを改革できないという考えは敵意に満ちた偏見にすぎませんよ。ドイツ人達はこの偏見を今や打ち破り始めていますよ。ロシア民族は生まれながらにして野蛮な民族だという偏見をかつて打ち破ろうと努力したようにね。あなたのおっしゃる『キリスト教徒』と『非キリスト教徒』という問題は残忍さの犠牲になっている人々には la question manque d'intérêt（無関心な問題）でしょうな。誰かが私の獣皮を奪いとっている時、その人に「旦那、一体あなたの宗旨は何ですかな」などと尋ねはしないでしょうよ。そして、私を虐んでいる連中が見るもおぞましい、瘟鬼《おんき》のような奴であるばかりでなく、キリスト教徒としても、その神から見て忌むべき人間であり、神の命令を愚弄している連中だということがわかっても、私は少しも慰められはせぬでしょうよ。客観的に申しましても、イヴァン四世やサルトウィチハやアラクチェエスの信じた『キリスト教』が決してすぐれたものではなく、他の宗教にすら見られぬような不道徳性の最端をいくにすぎないものだということは明白でしょう。つい昨日、将軍殿は、野蛮な非正規トルコ兵の蛮行を云々され、その中で彼らの悪魔崇拝にふれられましたな。確かに、子供であろうと大人であろうと、人間をとろ火であぶり殺すのは、おそろしく悪いことです。このような行ないを私は悪魔の所業といいたいですよ。ところが、イヴァン四世も、人間をとろ火であぶり殺すのをとりわけ好み、自分の笏杖で炭をかきおこしさえした話は有名ではありませんか。しかも彼は、野蛮人でも悪魔崇拝者でもなく、当時としては広い教養を積んだ叡知に富んだ人でした。その上彼は正統信仰を持った神学者でもあったのですよ。さよう、そんなに古い歴史上のことをほじくり返さずとも、ブルガリアのスタンブーロフ（ブルガリアの政治家。一八八六年反ロシア・スタンブーロフ政府を樹立――訳者）やセルビアのミラン（セルビア王、一八八九年即位、一八八九年新憲法を裁可し退位――訳者）をごらんなさい。彼らはトルコ人ですが、いわゆるキリスト教民族の代表者ではありませんかな？　あなたのおっしゃる『キリスト教』は、まったく何ものをも保証しない空疎な綽名でなくして、一体何でしょうかね。

婦人　その答えは公爵さんからでもお聞きになって！

政治家　明らかに真理であれば、私はわが公爵殿ばかりでなく、バラムのろば（民数記二二章二一節以下参照――訳者）の意見だとて聞き入れますよ。

Z氏　しかしあなた様が今日の会話に率先してご参加下されたのは、おそらくキリスト教や聖書の中の動物を評釈なさろうと思われたからではございますまい。「宗教だけは、後生だから、もっと少なくして」という昨日のあなたの切なる叫びが、まだ今でも私の耳の中に残っておりますよ。で、もしよろしかったら、話の本筋に戻りまして、一つ疑問点をお尋ねしたいのですが。あなたが正しく指摘なさりましたように、私たちはトルコ帝国を壊滅させるべきではなく、それを『啓蒙』すべきだといたします。また、一方、あなたが根本的に認めておられますように、私たちよりはドイツ人達の方がはるかに上手にトルコ人達を文化的に向上させることができるといたしましょう。それならば、東方問題におけるロシア独自の課題は一体どの点に存することになるとお考えでしょうか？

政治家　どの点にですと？　どの点にもないということは明らかだと思いますがね。そもそもあなたは、ロシアが他のヨーロッパ諸国の動向に背き、また孤立して提案し、解決してきた類いのものをロシアの政策独自の課題だと思っておられるのだ。だが断言しますがね、そのような独自の政策などというものは今までにまったく存在しなかったものなのです。わが国では、五〇年代、六〇年代になってからもこのような面への傾向は若干残っていましたよ。しかし、私がまさに悪政と呼んでいるこの悲しむべき傾向は、大なり小なり大失敗を喫し、今やその報いを受けてしまったのです。概略的に言えば、東方問題におけるロシアの政策を、独立もしくは孤立した政策と呼ぶことはできません。おそらく一六世紀から一八世紀末までのロシアの政策課題は、ポーランドおよびオーストリアと共同して、当時の危険なトルコの襲撃から文化世界を防衛することだったのです。そしてこの防衛のためには、ポーランド人や神聖ローマ帝国の人々、あるいはヴェネチア共和国と一致協力せねばならなかったのです（形式的な同盟は結んでおりませんでしたが）。ですから明らかにこれは何か独自の政策などではなく、共同の政策であったのですよ。むろん一九世紀にも、それにも増して来たるべき二〇世紀にも、政策の目的や手段は必要に応じて変化するにせよ、その一般的な性格は以前のまま残り続けることでしょう。そして今は、ヨーロッパをトルコの蛮行から守るのではなく、トルコ人たち自身をヨーロッパ化せねばならぬのです。以前の目的に必要だったのは軍事的な手段ですが、現在の目的には平和的な手段でなくてはならぬのです。しかし、どちらの場合にも課題そのものは、誰にとっても共同的なものなのですよ。昔、ヨーロッパの諸国家が軍事防衛のために団結したように、現在はそれらの国家は文化を広めるため団結せねばならないのです。

将軍　だが昔のヨーロッパが軍事的な団結をしたからといって、ルイ一四世および宰相リシュリューがトルコと反ハプスブルグ同盟を結ぶのを防ぐことができたわけではあるまい。

政治家　そいつは、ブルボン王朝の悪政にほかならぬのですよ。その悪政は、無意味な内政ともども、当時すでに歴史によって必然的な報復を受けたのです。

婦人　あなたはこれを歴史だとおっしゃるの？　以前にはこれは régicide（弑逆）と呼ばれていたと思うけど。

Z氏　さよう、まさにそう呼ばれておりましたな。つまり、醜悪な歴史の中に落ち込んだという意味ですよ。

政治家　（婦人に）問題は言葉にあるのではありません。政策上の過ちはどのようなものであれ、そのまま無事にはすまないという事実が問題なのですよ。この因果関係の中に何か神秘的なものを見ようとする人間には見させておくがよいでしょう。私にとってはそれはちっとも神秘的なものではありませんな。たとえば私が、この年齢とこの健康状態にもかかわらず、ヨーグルトを食べるかわりに、若い人さながら、毎日シャンペンをがぶ飲みしはじめたとしたらきっと病気になっちまうでしょう。それでもこの ancien régime（アンシャン＝レジーム）を墨守するなら、ブルボン王朝のように完全に死んじまうことになるでしょうよ。

婦人　でもヨーグルトを用いるあなたの政策だって、à la longue（そのうちには）酸っぱくなってしまうでしょう。

政治家　（むっとして）もし私の話に口をさしはさまないで下さったなら、ずっと以前にそれは終わって、もっとご興味を持たれるような話し手の方に発言権をおゆずりしていたでしょうよ。

婦人　まあ、ご立腹なさらないで下さいな。ちょっと冗談を申し上げただけですわ。私あなたをとても機知に富んだ方だと思っていたのですのよ……そのお年や地位のわりには。

政治家　さて私が今までに申しましたことは、トルコを文化的に改革するために今や私達は他のヨーロッパ諸国と協調せねばならず、したがって私達独自の政策などというものはないし、またあり得るはずもないということでした。残念なことに付け加えねばならぬのは、内政、商業、工業関係においてわが国は比較的立ち遅れておりますので、トルコ帝国を文明化するということの共同事業でわがロシアの果たすべき役割は今のところ、そう際立ったものとは言えぬということなのです。軍事国家としてわが国が持っていたトルコに対する優先権は、やはりそのままわが国の手中に残るというわけにはまいりません。それはただで与えられはしません。獲得しなくてはなりません。私達は、その軍事的な優先権を大言壮語によって獲得したのではありません。実際に行軍と戦闘をして勝ちとったのでしょう。同様に、その文化的な優先権も、平和競争裡に実際に努力を重ね成功を収めることで獲得せねばならぬのです。トルコ人達が私達の軍事的な勝利に屈した以上、もちろん、平和な文明化という点においても、彼らは最も強い者に服従することでしょう。さて、そこで私達は何をなすべきなのでしょうかな？　ドイツ人達が実際に事業で勝ちとった優先権に対して、アヤ＝ソフィヤに十字架をたてる空想で拮抗するような気違いじみたやり方は、もう今となっては通用しませんぞ。

将軍　そうなんだ。問題はそこにあるのだ。この十字架を空想でないものにせねばならぬのだ。

政治家　ならば、一体誰があなたにそのことを具現してくれるのでしょうかな？　あなたがそのための仲介者を発見できない以上、私達の民族的自尊心は唯一つのことを要求しているのです（この民族感情が一般的に許容する限りの理性的な範囲内で）。つまり、私達より進んでいる他の諸国に一時も早く追いつくために幾層倍の努力を積み、スラヴ協会やその他の有害なたわごとのために浪費した時間とエネルギーとを貯えなくてはならないのですよ。ところで、現在私達がトルコで力を持っていないとしても、中央アジアやとりわけ極東においては優先的な文化的役割を果たすことができるではありませんか。そしておそらく全世界の歴史の重点は、今後は極東へと移行してくることでしょう。地理的な位置とか、あるいはその他の諸条件からして、ロシアは他の諸国よりもそこで大きな仕事をなすことができるのです。むろんイギリスは例外ですがね。つまり、わが国の政策上の課題とは次のようなものなのです。すなわち、イギリス人と常に心からの協調関係を保ち、その文化提携が、無意味な敵対関係やくだらぬつばぜり合いに変わってしまわぬように努力することなのですよ。

Z氏　残念ながら、人間関係においても、民族の関係においても、協調が対立に変わるのは一種の宿命のようなものでしてね。

政治家　さよう、そのようなことはよくあることです。だが一方、個人の生活においても、民族の生活においても、共同事業の仲間に対して敵意や妬みを持ったためにどちらか一方が一層強大で富裕になったり幸福になったりしたという例を私はまだ一度も聞いたことがありませんな。例外なく誰にもあてはまるこの普遍的な経験を賢明な人々は他山の石として肝に銘じておるのです。そして、私はロシア民族のような賢明な民族もこのことを自己の訓戒にしなくてはならないと思うのです。極東においてイギリス人と敵対するなどということは、まさしく愚の骨頂ですよ。他人の家の庭先で内輪喧嘩をすることがみっともないのは言うまでもありますまい。それともあなたは、シェークスピアやバイロンの同国人よりも黄色人種の中国人の方が自分らの仲間だとでも考えておられるのですかな？

Z氏　うむ、それはデリケートな問題ですね。

政治家　それではこの問題はあとまわしにしましょう。かわりに次の問題に注意を集中して下さい。私の観点に立って現在ロシアの政策は二つの課題だけを持てばよいということを認めるとしましょう。つまり第一の課題はヨーロッパの平和を維持することです。なぜなら史的発展の現段階においてヨーロッパに戦争を起こすことは、たとえどんなものであれ、狂気の沙汰だし、罪深い共喰いであるのですから。第二の課題は、私達の勢力下にある野蛮民族に対し文化的な働きかけをすることです。もし、このようなことを認めるなら、この二つの課題は、その国家の内的な価値という点を別にしても、相互に相手の国家のあり方を規制し合うことで、びっくりする程互い同士を支え合うこととなるのです。利害関係を持っている野蛮国家を文化的に進歩させようと努力することによって、わがロシアと他のヨーロッパ諸国との間に固いきずなが結ばれることとなりましょう。そしてこのようにヨーロッパの統一が強化されれば、野蛮国の間にもそれに対抗できるという考えが消えてなくなり、その野蛮民族に対する私達の働きかけも一層強大なものとなるでしょう。ヨーロッパがロシアに味方していると黄色人が知って、わが国に対し門戸を閉ざすとでもあなたは考えておられるのですか？　それとは逆に、ヨーロッパがロシアに味方しておらず敵対しているということを知ったなら、もちろん彼らは、わが国の国境に武装攻撃をしかけることを企てるでしょう。そうなったら、私達は何万露里にわたって両面防禦を余儀なくされることでしょうよ。私は蒙古襲来の脅威はつゆほども感じておりません。なぜなら、ヨーロッパ戦争は決して起こらないと信じているからです。だがもし、それが起こったなら、むろんその時は蒙古人らをもおそれざるを得ないでしょうよ。

将軍　あなたにとっては世界戦争や蒙古襲来がありえないことのようだが、わしにとっては、あなたのおっしゃる『ヨーロッパ諸国家の団結』とか『全世界の平和』の到来の方がまったく信じることのできぬものなのだ。こりゃ何か不自然で擬物《まがいもの》のような気がする。クリスマスに教会で、『地には平和を、人には柔和を』を歌うのには理由があるのだ。これはつまり人々の間に柔和な心が芽ばえて、はじめて地に平和が訪れるということなのだ。だが、一体どこにこの柔和があるのかね？　あなた、そいつを見たことがあるのかね？　正直言うと、わしもあなたも、ある一つのヨーロッパ国家にだけは正真正銘心底から柔和な思いを抱いている。モナコ公国に対してだけはね。この国とわしらとの間の平和は永久に不変のものだ。だがドイツ人やイギリス人を本当の仲間だと考えたり、彼らの利益はわしらの利益、彼らの喜びはわしらの喜びなどと腹の中で思ったりすることはできっこない。つまり、あなたが、わがロシアとヨーロッパ国家との『団結』と呼んでいるようなものは永遠にやってくるはずがないさ。

政治家　すでにそれが存在しており、当然の事実となっているのに、どうしてやってくるはずがないのですかな？　私達自身がヨーロッパ人であるというはなはだ単純な理由によって私達はヨーロッパの人々と団結しているのですぞ。このことは一八世紀このかたのC'est un fait accompli（既成の事実）で、ロシア民衆の野蛮性をもっても、スラヴ主義者らのみすぼらしい空中楼閣をもっても変えることのできぬものなのですよ。

将軍　だがそもそも、ヨーロッパ人そのものが互いに団結をしていると言えるのかね。たとえばフランス人とドイツ人はどうかね？　イギリス人とその他の民族とは果たして団結しとるのかね？　聞くところによると、スウェーデン人とノルウェー人ですら、その団結を失っちまってるそうじゃないかね！

政治家　いかにも強力な論証ですな！　惜しむべきは、その論証の前提に致命的な欠陥があることです。つまり歴史的状況というものを忘れていらっしゃる。そこであなたにお尋ねしますがね、イヴァン三世やイヴァン四世の時代にモスクワとノヴゴロドは手をとりあっておりましたかな？　かといって、あなたは現在、モスクワ県とノヴゴロド県が共通の国家的利益という点で結びついているのを否定はなさいますまい？

将軍　いいや、わしはただこういうことを言いたいだけだ。つまりわが国のいろいろな県とか郡が結合しロシア国家を形成した、それと同じ位しっかりとヨーロッパの諸国家が結びつく、その歴史的瞬間まで、自分らをヨーロッパ人と呼ぶのは差し控えようということなのだ。でないとヨーロッパ人たちがお互いにナイフを手に争っているというのに、彼らに結びついたりして、結局わしら自身が仲たがいすることになりかねないのでね。

政治家　何だって！　ナイフを手に争っているですと！　ご安心下さいな。スウェーデンとノルウェーの間だけでなく、フランスとドイツの間にはいったって、あなた方は仲たがいさせられる心配はありませんよ。なぜならヨーロッパ諸国は仲たがいするにまでいたっておりませんからね。今やこのことは自明の理です。そもそもわが国の多くの人たちは、フランスのことをアヴァン・ギャルドの集まりか何かのように思っておりますがね。そんな前衛的な山師たちは牢屋にぶち込むこともできるし、またぶち込むべきなのですよ。奴らはその中で、自分らの民族主義を発揮して、存分に対独戦争を宣伝すればよいのですよ。

婦人　民族的な敵意というものをことごとく牢屋の中に閉じ込めることができたなら、さぞかし結構でしょうね。でも私、あなたが間違っているような気がしましてよ。

政治家　もちろん私は、cum grano salis に（幾分の斟酌をもって）このことを申し上げたのです。むろん、表面的に見ればヨーロッパはまだ一つの全体へと統一されてはおりません。しかし私は、私の歴史的な類推が誤っているとは思いませんよ。わがロシアでも、一六世紀には、それぞれの地方の分割主義は存在してはいたものの、すでに最後のあがきの状態にあり、一方国家統一はもはや単なる空想ではなく、現実において一定の形態をとりだしていたではありませんか。これと同様に、現在のヨーロッパでも、民族的な対立はまだ存在しているにせよ（それは無教育な大衆および教養のない政治家の間に特に顕著ですよ）、でも、それは何らかの目ぼしい行動に移る力は持っていないではありませんか。それらの民族的対立故にヨーロッパ戦争が生じるなんてことは、まったくあり得ないのです！　ところで将軍殿、あなたは柔和な心ということをおっしゃられたが、正直のところ、私もそれをあまり見かけませんな。しかも、民族間ばかりでなく、一つの国家の中でも、あるいは一つの家庭の中でさえ見かけんのです。たとえあったとしても、それは上面《うわつら》だけのものにすぎません。だが、だからといってどうなのです？　柔和な心がないからといって、身内同士が仲たがいし、兄弟同士が骨肉あい食《は》むことの理由とはなりませんよ。国際関係においてだって同じです。フランス人とドイツ人が互いに相手に対していかに柔和な思いを抱いていなくっても、双方の間に闘いが起こりさえしなかったなら、それで良いじゃありませんか。そして私は、闘いは将来においても起こりはしないと信じておりますよ。

Z氏　それは、そのとおりかもしれませんね。でもヨーロッパを一つの全体的なものと見なすからといって私達がヨーロッパ人だということにはならないでしょう。ご存知のように、わが国では過去二百年にわたって次のような見解が存在してきており、またかなり広まってきておりますす。つまり、ゲルマン民族とローマン民族の結合体であるヨーロッパは、その中に連帯的な一つの文化パターン、歴史パターンを有しているが、わがロシアはそれには所属せず、独自のギリシア的・スラヴ的なパターンを形成しているのだというのです。

政治家　そのスラヴ主義のヴァリアントなら、よく耳にしましたよ。その見解の信奉者らと話をしたことさえあります。その時気づいたことなのですが、この問題の結着はつきつつあるようですな。というのは、この連中は、ヨーロッパや私達のヨーロッパ主義を攻撃しながらも、ロシアがギリシア的・スラヴ的な独自性を有しているという見解を保持することができぬのです。そして彼らは今や、支那主義とかチベット主義とかインド主義、蒙古主義とか仏教とかのようなあらゆるアジア主義に熱中しておるのです。彼らはヨーロッパから離れるや、そのままっすぐアジアへと引き寄せられたのです。一体これはどういうことですかな？

仮りにヨーロッパ主義に関する彼らの考えが正しいとしましょう。ヨーロッパ主義を貫くことはまったく誤っていると仮定しましょう。だがだからといって、反対の極致へ、アジア主義などというものへ陥る宿命を担わざるをえないのですかね？　え？　彼らの主張するギリシア・スラヴ的な中立、正教的な中庸は、一体どこに消え去っちまったのでしょうかね？　私はあなたにお尋ねしますよ。そいつはどこに消え去っちまったのかってね。え！　だって、その中立っていう点にこそ問題のポイントがあったのでしょうが？　え？　さよう、まさにその点が問題なのですよ！　自然をドアから追放しても、そいつは窓からとび込んでくるのです。そしてこの場合、その自然とは次のようなものなのですよ。つまり、ギリシア的・スラヴ的な独自の文化パターン・歴史パターンなどというものは、まったく存在していないというね。むろん、過去現在未来を通して、ロシアは、アジア寄りのヨーロッパの大辺境ですよ。そしてこのような辺境に位置するがために、わが国は他のヨーロッパ諸国よりは、アジア的なエレメントの影響をはるかに多大に蒙っているのです。そしてこの点にこそ、わが国が独自のものであるという偽りの考えが生まれる基礎があるのですよ。そもそもヴィザンチンだとて、何か特別なそれ独自のものなどではなく、アジア的な要因が混じったためにオリジナルなものとなったのです。わが国では、そもそも最初から、とりわけバトゥ汗の時代より（最初にバトゥ汗がロシアに侵入してきたのは一二三七年──訳者）アジア的なエレメントがその本性の中に滲み込んできて、第二の性となったのです。したがってドイツ人たちは私達に関して感嘆まじりに次のように歌っておるではありませんか。

Zwei Seelen wohnen, ach! in ihrer Brust
Die eine will sich von der andern trennen

ああ、彼らの胸の中には二つの魂が住んでいる。
一つの魂は他の魂からかけ離れている。

私達はこの第二の性からまったく離れることはできんのです。そしてまたその必要もないのですよ。──そいつからも私達は何やかやと恩恵を蒙っておりますのでな──だが、将軍殿がおっしゃられたように、私達が分裂し仲たがいせぬためには、一方の性格の方が断固勝利を占め、私達を完全に支配しなくてはならぬのです。つまり、知的により強力であり、一層の進歩をとげる能力があり、いろいろな内的な可能性という点でもより豊かであるような性格の方がね。このような考え方はピョートル大帝の御代に顕著に現われ出たものです。

ところがその後、若干の知恵者どもが、アジアに対する私達の精神的な親近性──それはすっかり弱体化したにせよ、消滅することなく残っていたのです──というものを持ち出してきて、とっくにけりのついた歴史的な問題をむしかえしては、無意味な夢想に耽りはじめたのですよ。ここから、スラヴ主義が発生し、わが国独自の文化パターン・歴史パターン云々などという理論が生まれてきたのですよ。実際には私達はまぎれもないヨーロッパ人なのです。ただ心の底にアジア的な残り滓を持っているにすぎないのですよ。このことは、いわば文法上からも明らかです。ルスキイ（ロシア的な）とは、文法的な意味において何でありましょうかな？　さよう、形容詞です。それではこの形容詞はどのような名詞にくっつきますかな？

婦人　人間という名詞につくと思いますけど。ロシア人とか、ロシアの人々とかいうように。

政治家　いや、そいつはあまりに広義で、曖昧すぎますな。ニューギニア人やエスキモーだって人間ですよ。彼らに共通するような名詞には同意しかねますな。

婦人　じゃあ、誰にでも共通なとても大切なもの、たとえば愛では。

政治家　そいつは、なおさら広義すぎます。他の動物や、あるいは全ての被造物が愛を持っているってことを知っているのに、どうしてそれを私独自の特性だと認めることができましょうか？

Z氏　さよう、複雑な問題ですね。私は大人しい人間ですので、いかに同じ人間だといわれようとも黒人のオセロよりは、白鳩や緑鳩《アオバト》の方がはるかに好きになれますな。

将軍　そりゃ一定の年配になったら、分別ある男は例外なく白鳩（原註5）に共鳴するものなのさ。

さ。

原註5　あるロシアのセクトの名称。

婦人　そりゃまた、何のことなの？

将軍　単なる駄洒落ですよ。わしと閣下に関係のあることでして、あなたには関係ないことさ。

政治家　頼むから、その話はやめようじゃありませんか。Trêve de plaisanteries.（冗談はやめて下さい）そもそも私達はミハイロフスキー劇場の舞台に立っておるのではありませんぞ。私の言いたかったのは、ロシア的な（ルスキィ）という形容詞につく本当の名詞はヨーロッパ人という名詞なのだということなのです。イギリス、フランス、ドイツ系ヨーロッパ人と同様に、私達はロシア系ヨーロッパ人なのですよ。私が自分のことをヨーロッパ人だと感じているのに、何かスラヴ系ロシア人であるとかギリシア系スラヴ人であるとかを証明しようとすれば、こりゃ馬鹿馬鹿しいことじゃありませんか？　私は疑いもなくはっきりと認識しておりますよ。私はロシア人であると同様に、ヨーロッパ人でもあるということをね。

私はおそらく、あらゆる動物同様に、あらゆる人間を可愛がり大切にすることができるし、またそうせねばならんでしょう。そもそも動物を可愛がっている男の姿というものはなかなかほほえましいものですよ。だが、私はズールー人（南アフリカの黒人——訳者）や支那人のような人種を自分の仲間であり、同類だと認めることはできませんな。私が、仲間であり、同類だと認めることができるのは、私を霊的に養い、私に最上の楽しみを与えてくれるような高度の文化という宝をつくり出し守り続けている国家であり、国民であるのですよ。

これらの選ばれた国家にとってまず必要であったのは、低次のいろいろなエレメントを取除き、強固なものとなってゆくことだったのです。つまり、戦争が必要だったのですよ。そしてその戦争は聖なる事業だったのです。今やそれらの国家は成長し、強固なものとなりました。そして、内輪同士の分裂以外には何もおそろしいものがなくなったのです。今や平和の時代が訪れているのです。ヨーロッパ文化をいたる所に平和的に広める時代が来ているのですよ。全世界の人人がヨーロッパ人とならなくてはならぬのです。ヨーロッパ人という概念が人間という概念と一致するようにならねばならないのです。ヨーロッパ文化世界という概念が人類という概念と同じものにならねばならないのですよ。この点に歴史の意味があるのです。最初はヨーロッパ人はギリシア系だけだったのです。その後、ローマ系ヨーロッパ人が現われました。それから、あらゆる他の民族系のヨーロッパ人達が出現したのです。はじめは西方系のヨーロッパ人だけでした。その後東方系のヨーロッパ人、ロシア系ヨーロッパ人が現われ、それからまた海のむこうにアメリカ系ヨーロッパ人が出現しました。今や、トルコ系、ペルシャ系、インド系、日本系、そしておそらく支那系ヨーロッパ人まで現われるに違いありません。ヨーロッパ人――これは、一定不変の内容と、どんどん拡大してゆく範囲を持った概念なのですよ。

ところでその際、次のような相違があることに注意して下さい。全ての人間は、他の全ての人間と同様に、人間であるのです。それ故、私達が、人間というこの抽象概念を自分自身の賓辞とみなすなら、私達は無差別な同等性というものにゆきつかざるを得なくなり、ニュートンとシェークスピアの祖国をニューギニア高地人以上のものとは評価できなくなるのです。第一これはナンセンスであり、実質的には危険極りないことですよ。

さてそこで、私の賓辞が、二本足の無内容な個体、つまり人間一般などではなく、文化の担い手としての人間、すなわちヨーロッパ人であるとしましょう。それなら、ナンセンスな同等性など介入する余地はありませんな。ヨーロッパ人という概念、もしくはそれと同じことですが、文化という概念は、様々な種族や民族や個人の長所とか価値を比較し定義づける上での確固たる尺度をその中に含んでいるのです。健全な政策というものは、この評価上の差異を必ず考慮せねばならぬのです。さもなければ、割合に文化的なオーストリアという国と半分野蛮なヘルツェゴヴィナ（ユーゴスラヴィアの一地方名——訳者）の人々とを同一の基盤に置いてしまうことになります。そしてこのことは私達を、愚劣で危険なアヴァンチュールへと導くものなのです。わが国のスラヴ主義の最後のモヒカン族たちは、このアヴァンチュールに身を焦がしとるのですがね。un européen est européen（ヨーロッパ人はやはりヨーロッパ人なのです）。

私が待ち望んでいる、あのすぐ間近かに迫っている望ましい時が訪れて、ヨーロッパもしくは文化世界が実際に地球の全住民を覆いつくした後でさえ、和解し統一したこの人類の中には、依然として、歴史によって制約された自然的な文化価値のランクおよび相違というものが残ることでしょう。そしていろいろな民族に対する私達のいろいろな関わり方というものは、そのランクによって決定されることでしょう。勝利の凱歌を奏で、全てのものを包容するような至高の文化王国は天国とまったく同じなのです。そこでは、太陽には太陽の光が、月には月の光が、星には星の光が輝くごとく、その光はそれぞれ違うものなのです。確かキリスト教信条にこのように書かれていたと思いますがね？　えっ、どうです？　さて、目標は間近かにあるが、まだ達成はされていない今こそ一層、無差別の同等性という誤まりを犯さぬようにせねばならないのです。

そう言えば、最近新聞紙上で見たのですが、イギリスとトランスヴール（現在の南アフリカ連邦の自治州の一つ。オランダ領の後イギリス支配下に移った——訳者）との間に、何か軋轢が生じ、ここのアフリカ人達が戦争さえしかけてイギリスを脅かしておるそうですな（原註6）。

原註6　この噂は四月に流布した。

ところが私の見るところでは、わが国でも、またおそらくヨーロッパのどこの国でも、いろいろな新聞人や政治屋連中がイギリスを敵視して、このあわれな虐げられたアフリカ人らのために大いに力を貸そうとしております。だが、これはつぎに述べることとまったく同じことなのですよ。教養も名誉も名声もある紳士フォードル・フョードロヴィチ・マルチン氏が仕事の関係で隣りの店へ立寄ったところ、薄汚ない年端もゆかぬ店員がいきなり拳をふりあげて、近寄って来て、「店は俺たちのものだ。貴様はここでは無用の者だ。出てゆかぬと、絞め殺すか斬り殺しちまうぞ」と叫ぶや、マルチン氏の首を絞めにかかったのです。立派な紳士フョードル・フョードロヴィチ氏がこのような馬鹿らしい事件にまき込まれたのはむろんお気の毒なことですな。だがこの事件が起こった以上、私が道徳的な満足感を覚えるのは、この尊敬すべきわが友人殿が、無法者にしたたか拳骨を喰わし、警察に引き渡して、そいつを感化院に送っちまう時でしょうな。ところがそれどころか、突然立派な身なりの紳士どもが、この小僧を激励し煽動しはじめておるのですぞ。「大した奴だ。こんなちっちゃな奴がでっかい紳士に手向かっとるんだ！　どんどんやれよ、小僧、お前を見殺しにはせぬぞ！」何たる醜態！　その上、このアフリカの蛮人ども、畜生どもは、こともあろうに血統の上から自分らはオランダ人なのだと主張しとるのですぞ。オランダは正真正銘の栄え高き文化国家ですぞ。とんでもない！　奴らはこの名誉ある国家を自分らの国だとみなし、独自のアフリカ祖国を築こうとしとるのです。何たる騙児《かたり》どもだ！

婦人　まず悪口をやめて下さいな。次にトランスヴールって何ですの？　どんな人々が住んでいるんですの？　説明して下さいな。

Z氏　あそこにゃ、ヨーロッパ人とニグロの混血が住んでいるのです。彼らは白くも黒くもなく、褐色《ブール》ですよ。

婦人　それもまた駄洒落《カラムブール》なの？

政治家　しかも高級な洒落とは言えませんな。

Z氏　褐色《ブール》あって、この駄洒落《カラムブール》ありですよ。しかもこの色がお気に召さないなら、あそこにはオレンジ共和国というのもあります。

政治家　真面目に申しまして、これらのブール人（南アフリカのオランダ系移民——訳者）たちはむろんヨーロッパ人ですよ。だが質の悪いヨーロッパ人です。栄え高き本国より引き離されて彼らは、著しくその文化性を喪失してしまったのです。また野蛮人らに取り囲まれているため自分らも野性化し、粗暴になっちまったのです。奴らをイギリス人と同列に並べ、しかもイギリス人との戦いで奴らの勝利を願うなど——Cela n'a pas de nom.!（途方もないことだ）

婦人　でも、コーカサス山岳人らが、その独立を目指して私達と戦った折り、あなたのご贔屓のヨーロッパ人たちは彼らの方に同情を寄せましたわよ。でもともかくも、ロシアはチェルケス人（コーカサスの山岳民族の一つ——訳者）よりもずっと文化的に高度ですわよ。

政治家　コーカサスの野蛮人らに対するヨーロッパの同情に関して、話題がこれ以上進展せぬように一言申し上げておきましょう。つまり、私たちが自分自身を同化すべきなのは、ヨーロッパ的な普遍の叡知に対してであって、あれやこれやのヨーロッパ人らの偶然的な愚蒙に対してではないのです。いや、むろん私は、これらの高慢な野蛮人らを鎮圧するためにイギリスが戦争という歴史的に非難されるような古くさい手段を用いざるを得ないことを大変残念に思いますよ。だが、イギリスに対するヨーロッパ大陸の愚かな妬みに煽られたこれらのズール人、いやブール人の野蛮さのために戦争がもはや避けられぬものであるとしたら、私が心から願うのは、この戦争が一時も早くアフリカの無頼漢どもを鎮圧することで終結し、奴らに独立のことなど二度と考えさせせないようにしてほしいということですよ。けれども奴らが勝利を収めるとしたら——それらの国が遠隔の地にあるので、この可能性だってあるのです――これは、教養に対する野蛮性の勝利を意味するでしょう。そして、ロシア人であり、したがってヨーロッパ人である私にとっては、その日は深い国民的哀悼の日となるでありましょう。

Z氏 （将軍にそっと）お偉方というのはまったくうまいことを言うものですな。あのフランス人の言った Ce sabre d'honneur est le plus beau jour de ma vie.（この名誉の剣は我が生涯の最良の日なり）と同類の名言ですな。

婦人 （政治家に）いいえ、私賛成できませんわ。なぜ、このトランスヴールに同情なさらないのでしょう？ 大体私達はウィリアム・テルには共鳴しているじゃありませんか。

政治家 さよう、もし奴らがシラー（戯曲『ウィリアム・テル』を著わす――訳者）やロッシーニ（歌劇『ウィリアム・テル』を創る――訳者）のような芸術家の手で詩的伝説を創り出し、ジャン＝ジャック・ルソーとか他の作家達のような人間を輩出し、彼らによって自分らを鼓舞し、また数々の学者達を生み出したのであれば、その時には、奴らに対する考え方も変わるでしょうよ。

婦人 でもそれは結果論ですわよ。スイス人だって最初は牧夫だったじゃありませんか……彼ら以外にも、アメリカ人だってイギリスに対して独立戦争を起こす以前には教養的にちっともすぐれてなどいなかったじゃありませんこと？ いいえ、彼らは褐色どころか、赤い膚をして、頭の皮を剝ぎとっていたのですよ（「婦人」はここでアメリカ人とアメリカ・インディアンを混同している――訳者）。メイン＝リード（英国の作家、インディアンを素材にした数多くの大衆的な小説を著す。一八一八～一八八三年――訳者）の小説にありますわ。ラファイエット（フランスの将軍・政治家。貴族の出身でアメリカ独立軍に従軍する。一七五七～一八三四――訳者）も彼らに同情を示しましたわよ。そしてそれは正しかったのですわ。なぜなら彼らはつい先ほど、シカゴで全ての宗教を集めて博覧会を催したじゃありませんか。かつてなかったことですわ。

パリでもこれと同様にあらゆる宗教を集めて博覧会を開こうとしました。でも完全に失敗したのですわ。僧院長の一人ヴィクトル・シャルボネールさんがこのためにずいぶん奔走して回ったのですよ。彼は私に、それは親切に、数回お手紙を下さいましたわ。でも結局どの宗派も彼の申し出を断ったのです。ユダヤ教のある偉大なラビでさえ次のように言ったのです。「われらの宗教には聖書がある。だが博覧会などわれわれとは何の関係もない」とね。お気の毒にシャルボネールさんは絶望のあまりキリストを拒否なさり、自分は還俗し、今ではルナンを非常に尊敬している旨を新聞紙上で公表なさいましたわ。人から知らされたところによりますと、彼の晩年はすっかり駄目になってしまったらしいですわ。結婚したとか。飲んだくれになったとか、そんな噂ですわ。

その後、わが国のネプリューエフさんが同じことを企て奔走なさったのですけど、この方もやはり全ての宗教に幻滅なさってしまいになったのよ。この方はとても理想主義者でいらして、統一された人類だけが信頼するに足るものだという主旨のお手紙を私に下さいましたわ。でもパりの博覧会で一体どんな統一人類を展示するつもりなのでしょう？　こんなこと夢だと私は思いますわ？　ところがアメリカ人たちはこのことを立派に成し遂げたのです。あらゆる宗派からアメリカに宗教人たちが遣わされたのですよ。カトリックの司教が議長に選ばれたのです。彼は英語で主の祈りを唱えましたのよ。ところが仏教徒や支那の偶像崇拝的な宗教の神官たちがいんぎんに彼に答えて言ったそうよ。「Oh yes! All right sir! 私どもは誰に対しても悪意は持っておりません。でもただ一つお願いがあります。あなた方の宗派の宣教師の方々に私どもから離れてどこか遠くへ去っていただきたいのです。なぜなら、あなた方の宗教はあなた方にとって素晴しいものでしょうけれど、その教えが世に広まらないからといって私達のせいではありません。だが私達にとっては私達の宗教が一番良いものです。」このように罵り合い一つなく万事上首尾のうちに終わったのですわ。皆びっくりしましたことよ。アメリカ人は今やここまで成長したのですわ。当今のアフリカ人だって、やがてこのアメリカ人たちと同じようになるかもしれませんわ。

政治家　もちろん、それはありうるでしょう。ガウロスのような民族からだって偉大な学者が出ることもあるでしょうよ。だが今のところは、いずれにせよ、奴らを鞭うつのは奴ら自身の身のためにもなることでしょうな。

婦人　何という言い草なの！ Décidément vous vous encanaillez.（あなた、まったく堕落なさっていてよ）これもみな、モンテ・カルロのせいですわ。Qui est ce que vous fréquentez là-bas?（あそこであなたはどのような方々とつきあっていらっしゃるの？）Les familles des croupiers sans doute.（きっと賭博の胴元のお仲間とでしょうよ。）でもそれはあなたのご勝手ですわ。ただお願いしますけど、あなたの政治分野でのお知恵をもう少し縮めて下さいませんこと？　さもないと、いつまでもお食事にならないじゃありませんの。もうとうに終わりにする時間ですわ。

政治家　ええ、私も要約し、つじつまを合わせて、それで終わりにするつもりでしたよ。

婦人　信じられませんわ！　いつまでたっても終わりそうにないですもの。私、あなたのお考えを解説して差し上げますわ。つまり、あなたのおっしゃりたいことは、時代が変わって、以前の神様と戦争の代わりに、今は文化と平和がこの世を支配するってことなのでしょう。そうですわね？

政治家　大体、まあそんな所ですな。

婦人　結構ですわ。神様がどのようなものなのか私にはわからないし、説明することもできませんけど、でも私はそれを感じておりますわ。ところが、あなたのおっしゃる高度の文化というものに関しては、私何も感じることができないのです。それが何なのか手短かに説明して下さいませんこと？

政治家　文化が何より成り、何を内容として含んでいるものなのか――そんなことは、あなたご自身よくご存知でしょうに。つまり文化とは、選ばれた民族の選ばれた知性が創造してきた思想と才能の宝なのですよ。

婦人 でも、それは同一のものじゃなく、みなそれぞれまったく違うものですわよ。ヴォルテールもいれば、ボシュエ(フランスの宗教家。カトリック司教一六二七〜一七〇四——訳者)もおりますわよ。マドンナもナナもありましてよ。アルフレッド・ミュッセ(フランスの詩人、小説家、劇作家、ジョルジュ＝サンドとの恋は有名、一八二〇〜五七——訳者)もいれば、フィラレート(モスクワ府主教。専制政治を熱心に支持し、農奴制を擁護した。一七八二〜一八六七——訳者)もいますことよ。これらをひとまとめにして、神様の代わりに奉ることがどうしてできますの?

政治家 私の申し上げたかったことは、歴史上の財宝という意味での文化に関しては何のご懸念も必要ないということなのですよ。感謝すべきことには、その文化は、すでに創り上げられ、現に存在しておるのです。もっとも、新しいシェークスピアやニュートンの出現を期待することはできますよ。でもそのことは、私達の権限外のことでありまして、プラクチカルな興味を惹く問題でもありませんな。

ところで、文化には別の側面もあるのです。プラクチカルな、あるいはお望みなら、道徳的とでも言い得る側面がね。これこそ、個人一人一人の生活にあって礼儀正しさもしくはいんぎんさと呼ばれているところのものにほかならぬのです。これは一見したところ、あまり重要なものには見えぬのですが、実はおそろしく重大な唯一無二の意義を有しておるのですぞ。というのは、この礼儀正しさというものは誰にでも共通のものであり、また誰にでも義務づけうるものであるからなのです。高い徳だとか、高度の知性だとか才能だとかというものは誰にでも要求できるというものではありません。ですが、礼儀というものは誰にでも求めることができ、また求めなくてはならぬものなのです。これは、人間が人間らしく生きうるための、最小限の思慮であり徳性であるのです。むろん、礼儀は文化全体をさすものではありません。でも、それはあらゆる文化性の必要条件であるのです。読み書きというものが、知的教養の全部ではないにせよ、その教養の必要条件であるのと同じことですね。礼儀というものは、à l'usage de tout le monde（世界全体が使う）文化性なのです。そして私達は今現に目にしておるのですよ。礼儀というものが次第次第に、ある一つの階級の個人同士の関係から、様々な階級、および様々の国家の間の社会的、政治的、もしくは国際的な関係の次元へと広がってきているのを。私達は覚えておりますよ。私達がまだ子供だった当時には、私達の階級の人間は、平民に対して酷い態度で接したものです。ところが今や、礼儀というものは義務的さらには強制的な性格を帯び、社会層の境界を踏み越え、さらには国際上の境界までも乗り越えて、どんどんと広がってきておるのですよ。

婦人　お願いですから、もっと手短かにおっしゃって下さいな。結局、あなたのお話の結論は、国家間の礼節も、個人の間の礼儀も同じものだということなのでしょう。

政治家　もちろんです。フランス語で、politesse（礼節）と politique（政治）が語源上類似の言葉であるのは理由のあることなのですよ。それにまた注目していただきたいのは、礼儀正しくあるために、将軍殿が言及なされた柔和な心、という類いの感情などまったく必要ないのですよ。私が誰かに襲いかかったり、そいつの頭に嚙みついたりしないからといって、この男に対して私が何らかの柔和な思いを抱いているということにはなりますまい。逆に私は心の中でそいつに対する燃えるような憎悪を感じておるのかもしれませんよ。でも、私は文化的な人間ですから、嚙みつくなどということが、最も醜悪なふるまいだということを存じておりますし、第一それは醜悪なばかりでなく、まったく無意味な行為でもあるということを承知しています。自分を制して、礼儀正しくその人と接すれば、何の損もせず、むしろ多くの益を得るでしょうよ。

これとまったく同様に、たとえ二ヵ国間の民族的嫌悪がどのように激しいものであろうとも、一定の文化水準に達しているこれらの国家が、voies de fait（暴力行為）にまで、つまり戦争にまでいたることはあり得ないのです。なぜなら、まず第一に戦争の経過というものは——詩や絵画に描かれている戦争ではなく、現実の戦争というものは——すべてこれ、屍体やら悪臭を放つ傷やら、粗暴で穢い人間どもの集団やらであるのです。そして戦争によって正常な日常生活は中断され、橋や鉄道や電信という有益な施設、建物が破壊されるのです。えぐり出された眼球やへし折られた肋骨や削りとられた鼻をみて私達が胸のむかつきを覚えるのと同様に、文化的な国民は戦争というこの醜悪行為に我慢ができぬのですよ。次にある一定の知的発展を遂げた民族というものは、他の国家に礼儀正しく接することがいかに有益なことであり、逆に他国家と争うことがいかに損なことであるかを知っておりますよ。

もちろん、この場合にはいろいろの段階があります。拳骨は歯で噛むよりも文化的です。棒は拳骨より文化的です。比喩的に侮辱を与える方が一層文化的です。これと同様、戦争も多少の別はあるにせよ野蛮な形をとりうるものなのです。そして一九世紀のヨーロッパの戦争というものは、酔払った職人同士の喧嘩よりは、二人の紳士の形式に則った決闘の方に一層近いと申せましょう。だがこれも一つの過渡的な段階ではありますがね。ご承知のように、先進国では決闘も次第に廃たれてきております。後進国のロシアが、決闘で殺された二人の秀でた詩人（プーシキンとレールモントフ――訳者）を惜しみ嘆いているその時、より文化的な国家フランスでは既にずっと以前に決闘を死滅した愚劣な伝統として棄て去っているのです。Quand on est mort, c'est qu'on n'est plus envié.（人は死ぬときは、もはやねたみをもたぬ）このようにデ＝ラ・パリスは言っておりますよ。そして、決闘というものが戦争ともども、歴史の古文書の中に永久に埋葬されるのを私達はきっと目にすることでしょう。これに関しては妥協は許されませんし、一時妥協したとてそれは長く続くはずがありません。

真の文化が要求しているのは、個人および国家間一切の争いというものが完全に消えてなくなるということなのです。いずれにせよ。平和政策というものは文化的な進歩の基準であり、徴候であるのです。尊敬する将軍殿のご機嫌を損じることはまったく私の望まないところではありますが、でも文書による反戦運動はきわめて好ましいものだという私の見解を曲げることはできませんな。この反戦運動は、熟した課題の究極的な解決を予め告げ知らせるものであるばかりでなく、またその解決を促進させるものでもあるのですよ。この宣伝的な反戦活動は、かなり奇異なものであり、いささか熱狂的すぎるきらいはあります。だがこれは、歴史の進歩の本筋とでも言うべきものを社会意識の形をかりて強調しているものであり、この点できわめて重要なものなのですよ。あらゆる国際関係、および国際的な軋轢を平和的に礼儀正しく、つまり万民に有利なように解決すること、このことこそ、文化的人類の健全な政策にとって不変の規範となるべきものなのです。え？　どうですかな？　（Z氏に向かい）何かおっしゃりたいことがおありでしょうかな？

Z氏　いいえ。ただ、平和的な政策は進歩の徴候だという先程のあなたのお言葉に関連してふと思い出したことがあるのですよ。ツルゲーネフの『煙』の中で、ある貴人がまったくそれと同じことを言っているのです。「進歩――これは徴候なのです！」とね。とすると、平和政策というものは徴候の徴候だということになりはしませんか？

政治家　さよう、それがどうかしたのですかな？　むろん、この世のすべてのことは、皆相対的ですからね。だが、一体あなたは何をおっしゃろうというのですかな？

Z氏　私の申し上げたいことは、平和政策が単に影の影にすぎないものであるのなら、それについて多言を労する必要が果たしてあるだろうかということなのです。平和政策についてだろうと、影に覆われたどんな進歩についてだろうと、一体語るに値するものなのでしょうか？　ヴァルソノフィ神父があの信心深い婦人に対して言った言葉「お前さんは老いさらばえて、弱々しい。どうやったって今より良くなどなりゃせぬさ」をそのまま人類に対して捧げた方がよろしくないかと思うのですがね。

婦人　そのお話を伺う時間はもうありませんわ。（政治家に向かい）でも、あなたの politique-politesse があなたをからかっているのを心にとめて下さいましね。

政治家　なんのことですかな？

婦人　あなたは明日、モンテ・カルロか par euphémisme（婉曲に）ニースへかは、とてもお出掛けになることはできないでしょうってことよ。

政治家　そりゃ、またなぜ？

婦人　だって、この方があなたに反論なさりたがっていらっしゃるのに、あなたあんなにも prolixite（冗長な）おしゃべりをなさって、とうとう時間ぎれにしておしまいになったのよ。それでその反論は明日に持ちこされざるを得ませんのよ。ここで文化的な人々があなたの提起なさったテーゼに反駁をしているというのに、あなたご自身はモンテ・カルロで無教養な胴元やそのお仲間と一緒になり、多かれ少なかれ禁断の快楽に耽るなどということをまさかなさらないでしょう。そんなことなさったら、それこそ礼儀しらずどころじゃございませんもの。あなたのおっしゃった「義務づけられた最低限の道徳性」はいったいどこにあるというの？

政治家　仕方がない、こうなった以上ニースゆきは一日延期することにしましょう。私としても、私の公理に対しどのような反論がなされるか、興味のあるところですからな。

婦人 結構ですわ。さあ、皆様さぞかしお腹がおすきになったことでしょう。『文化』なんてものがなかったら、とうに食堂に押し掛けておりましたでしょうに。

政治家 Il me semble du reste que la culture et l'art culinaire se marient très bien ensemble.（その上文化（キュルチュール）と料理法（キュリネール）とは、うまいとりあわせで、十分に合っているようですな。）

婦人 あらあら！ もうたくさんですわ。

そこで私達は皆怪し気な駄洒落をとり交しながら、女主人のあとについて夕餉の食卓へと急いだ。

第二の会話訳註

1 アレクサンドル・ネフスキー（一二二〇～六三）は、スウェーデン軍のネヴァ川上陸を撃退し、ドイツ騎士団を〈氷上の戦い〉で敗走させ、キプチャク＝ハン国に対する人民の反抗運動をおさえた国民的英雄。

アレクサンドル・スヴォーロフ（一七二九～一八〇〇）ロシアの名将であり、一七八九年のルイムニクの会戦や一七九八年のイタリア侵入などで数々の戦果をあげた。

2 ロシアは以前から〝瀕死の病人〟トルコの領土を狙っていた。ついに一八五三年ロシアとトルコの軍隊は衝突した。しかし翌年イギリスとフランスがトルコ側に味方して参戦し、クリミヤ半島にイギリス軍二万、フランス軍三万、トルコ軍六千が上陸、セヴァストーポリ要塞のロシア軍五万を包囲し、一年近くかかって一八五五年九月にこれを陥落させた。この間にオーストリアはウィーン覚書を作成し、ロシアに迫り、この線にそって一八五六年パリ講和条約が結ばれた。その条約では次の五項目の条項が締結された。(1)トルコの独立と領土の保全。(2)トルコは宗教的差別をしないこと。トルコに対する内政不干渉。(3)ボスフォラス・ダーダネルス両海峡閉鎖の原則の確認。黒海の中立化。(4)ドナウ河の自由航行。(5)ロシアはベッサラビアをモルダヴィアに譲渡。モルダヴィア・ワラキア両州はトルコの主権下に自治。セルビアの自治権の確認。

このクリミア戦争が敗北した年（一八五五）に即位したアレクサンドル二世は、その当初は海外政策より内政に重点をおかざるを得なかった。「下より農民が自分を解放するのを待つよりは、上から農奴制を廃止した方がよい」との考えに立って、一八六一年に農奴解放令を発布した。その他、制限選挙制を加味した地方自治体機関ゼムストヴォを創設し、司法、教育機構の改革を行ない、皆兵制による軍制改革を実施し、いわゆる〝大改革時代〟をもたらし、ツァーリズムの近代化に貢献した。

3　クリミア戦争で一段落したかに見えたトルコ問題の火は燃え続けていた。一八七五年、バルカン半島のボスニア＝ヘルツェゴヴィナのスラヴ系民族が、トルコ帝国支配を脱しようとして反乱を起こし、これを同じくトルコ帝国支配下のセルビア・モンテネグロが支援した。これを待っていたロシアは、バルカン進出の好機とばかり、この蜂起を支援して一八七七年トルコと開戦した。戦争はロシア側の勝利に終わり、七八年三月サン＝ステファノでトルコと平和条約を締結した。これによってロシアはバルカンに大ブルガリアを建設し、待望のバルカン進出、地中海進出が成功するかにみえた。しかしイギリスとオーストリア＝ハンガリー帝国はロシアのバルカン進出に脅威を感じ、これに反対を唱えた。そこで仲介外交のビスマルクのドイツがあっせんに乗り出し、七八年七月、ベルリンにイギリス、オーストリア＝ハンガリー、ロシア、トルコが集まり、会議が開かれた。この結果、セルビア、モンテネグロ、ルーマニアが独立し、ブルガリアは自治国として引き続きトルコの支配下に属することとなった。この会議でロシアはわずかにベッサラビアと小アジアの一部を得たのに対し、イギリスはキプロス島、オーストリア＝ハンガリーはボスニア、ヘルツェゴヴィナを得た。ここに至って、ロシア、オーストリア、ドイツはかつての三帝同盟の関係から一挙に対立関係へと進むようになった。

4　ベルリン条約の後、ロシアとオーストリアは敵対関係にはいる。その背景があって「婦人」は「政治家」に皮肉まじりで問いかけているのである。しかし「政治家」は当時のオーストリアの地位を念頭においている。

プロシャのビスマルクのオーストリア排撃政策と軍備拡張によりプロシャと対立したオーストリアは普墺戦争（一八六六）に破れドイツからの敗退を余儀なくされた。その結果国家秩序の再建を迫られ、一八六七年ハプスブルク王朝フランツ＝ヨーゼフ一世はマジャール人と妥協して、ハンガリー王国の建設を認めるとともに、オーストリア皇帝がハンガリー王位をかね、二重帝国が成立した。しかしチェク人など領内スラヴ諸民族の反対がたえず、社会主義運動もこれらの民族運動と手をとりあって発展した。やがて周知のようにこの国が第一次大戦を誘発する直接の原因となる。

5　一八九一年から九四年にかけ、フランスとロシアの間に結ばれた政治協定（一八九一年八月二七日）、軍事協定（九二年九月一七日）を総称して露仏同盟と呼ぶ。この同盟は九四年一月四日のフランス政府の軍事協定承認通告によって完成された。これは、ドイツ、オーストリア、イタリア間に結ばれた『三国同盟』（一八八二〜一九一五）に対抗する、ロシア、フランス、イギリスの『三国協商』の最初のものである。

第三の会話

Audiatur et tertia pars.

（第三の面も拝聴すべきなり）

今回、私達は、会話を急いで終わらせなくてもすむように、皆の希望により常よりも早く庭園へと集まった。なぜか皆、昨日よりもいささか真面目な気分になっていた。

政治家　（Z氏に）あなたは、先日私が申した意見に対し、何か反論か指摘かをなさりたいということでしたが？

Z氏　ええ。平和政策は進歩の徴候であるというあなたの定義づけに関し、ツルゲーネフの『煙』の中のある貴人の言葉をその時思い出したのです。「進歩――これは徴候だ」という言葉をね。ツルゲーネフの作中人物がどのような意味でこの言葉を用いたのかは存じませんが、その意味自体はまったくその通りだと思いますよ。実際、進歩とは徴候なのです。

政治家　何の徴候ですかな？

Z氏　賢い方とお話するのは愉しいですね。まさにその問題に私は話を持っていこうとしていたのです。私の考えでは、進歩、つまり顕著な加速的な進歩とは、常に終末の徴候であるのです。

政治家　進行性麻痺のようなものなら、そいつが終末の徴候だってことは納得ゆきますがね。だが文化とか教養とかの進歩がなぜ終末の徴候でなくちゃならぬのですかね？

Z氏　それは、麻痺症の場合のように顕著ではありませんが、やはり間違いなく終末の徴候なのです。

政治家　その点であなたが確信を持っておられるのはよくわかりますがね。だが私には、あなたが何を確信しておられるのかさえ、よくわかりませんな。そこでまず、あなたのお誉めの言葉に勇気づけられて、もう一度、お誉めにあずかったあの単純な質問をさせていただきましょう。あなたは『終末の徴候』だとおっしゃいましたな。いったいそれは、何の終末なのですかな？

Z氏　私達が今までに論じてきたことがらの終末ですよ。私達は人類の歴史およびその歴史の『進歩』について論じてきたのでしょう。今や歴史は疑いもなく加速度を増して進みはじめているのです。そして私の信じるには、それは大詰めへと近づいているのです。

婦人　C'est la fin du monde, n'est-ce pas?（世界の終末のことですわね。そうじゃありません？）興味津津ですわ。

将軍　ほら、ついに一番面白いところにやってきたぞ。

公爵　おそらくあなたは、反キリストのことにも言及なさるのでしょうね？

Z氏　もちろんですとも。最も重点を置きますよ。

公爵　（婦人に向かって）まことに申し訳ありませんが、手の離せない仕事が山ほどあるものですから。このような面白そうなお話を伺いたいのは山々なのですけど、家に戻らねばなりません。

将軍　どうしてだね？　で、ヴィント遊びはどうする？

政治家　おとといから私は、何かいやなことが起こるんじゃないかって気がしてましたよ。宗教が絡んだからには碌なことがありませんよ。Tantum religio potuit suadere malorum.（かくも大なる禍を迷信は生じ得たり―ルクレティウス『自然について I・95』）

公爵　いやなことなど何も起こりはしませんよ。九時にはまた戻って来るように努めます。でも今はまったく暇がないのです。

婦人　でも、どうしてそんなにだしぬけに？　そんな大事なご用がおありなら、なぜ前もっておっしゃって下さらなかったの？　嘘ですわ。あなた、反キリストに突然おじけづいたのでしょう。

公爵　昨日、礼儀の大切さについて存分に聞かされましたので、礼儀上嘘をつこうと思ったのですよ。今、このことが大変良くないことだということに気づきましたので、正直に申し上げましょう。事実僕は多くの大切な仕事を抱えています。でも、僕がこの会話から失礼しようというのは主に次の理由のためなのですよ。つまり、ニューギニア高地人か何かにとって以外には何の意味も持たないような、こんな話題を論議するために時間を浪費するのは惜しいと思うからなのですよ。

政治家　あまりにも礼儀正しすぎたというあなたの重い罪は、そのことばで立派に償われたようですな。

婦人　どうしてご立腹なさるの？　私達が馬鹿ならば、どうか私達を啓蒙なさって下さいな。私をニューギニア人呼ばわりしたことに対してだって、私ちっとも怒ってはいませんことよ。ニューギニア人だって正しい考えを持っているかもしれませんものね。神様は幼き者に知恵を賜ったものですわ。でも、あなたが反キリストのことなど聞きたくないとおっしゃるなら、妥協いたしましょう。あなたの別荘はここからほんの一歩の所ですもの。行ってお仕事してらっしゃい。でも話し合いが終わるころ、反キリストのお話のあとで、またここにいらっしゃいましね。

公爵　よろしい、参りましょう。

（公爵が話仲間から立ち去ったあとで）

将軍　（嘲笑いながら言う）身に覚えがあるのさ！

婦人　まあ、それじゃ、あなた、公爵さんが反キリストだと思っていらっしゃるの？

将軍　もちろん、反キリストそのものじゃないさ。当の本人じゃないさ。そんな大物じゃない！　だがともかくもその延長上にはいるな。ヨハネ第一の手紙に書いてあるじゃないかね。『あなたがかねて反キリストが来ると聞いていたように、今や多くの反キリストが現われてきた』（二章一八節――訳者）ってね。この多くの反キリストたちの一人さ。その中の一人なのさ……

婦人　その『多くの反キリストたち』の中に偶然はまり込んでしまうことだっておそらくありますわよ。そういう人たちは迷わされたにすぎないのですもの。神様だって罰をくだしはしませんわ。あの人は知ってるのよ。自分は非力だけれど、流行の軍服を着ればともかくも尊敬だけは受けるってことをね。ちょうど歩兵から近衛兵になるようなものなのよ。お偉い将軍様にはつまらぬことでも、下士官にとっては魅力的なことでしょう。

政治家　それは正しい心理解釈ですな。だが反キリストのことで彼がなぜあんなに立腹したのか、いまだにわかりませんな。たとえば私も、神秘的なものはまったく信じはしませんよ。だがだからといってそれに対して腹を立てなどはせんですよ。何よりも人類全般という観点より見て興味が湧いてきますな。このことが多くの人々にとって真剣な問題だということを私は知っています。つまりここに、人間の本性のある一面が現われているのです。その面は私にあってはすでに退化しとるのですがね。だがそれに対する客観的な興味はまだ私にも残っています。たとえば私は絵の方面はからきし駄目です。私自身は直線一本円一つ描くことはできません。絵の上手下手もわかりません。だが私は、一般教養ならびに美学一般という方面より絵画の諸問題に対して興味を持っておりますよ。

婦人　あんな些細なことに憤慨する必要はありませんわ。でもあなただって宗教を憎んでおられるじゃありませんこと。ついさっきも何かラテン語で宗教の悪口をおっしゃられたわ。

政治家　いや、悪口だなんて！　私が自分の好きな詩人ルクレティウス（ローマの詩人哲学者、前九九〜前五五頃——訳者）と同じように宗教を非難するのは、それが祭壇に血を流し、生贄の号泣をひき起こすからなのですよ。この血に飢えた残忍性の名残りを、私は、今私たちから去っていったあの話仲間の苛々とした陰鬱な言葉の中にも聞きとったのですがね。でも、私自身は宗教理念、とりわけ『反キリスト』というこの理念には強い興味を持っておりますよ。残念ながら、この問題に関してはルナンの書物しか読んだことがありませんがね。ルナンという男は、歴史学の面からのみ問題を把握し、一切合切をネロのせいにしようとしとるのです。だがこれでは不十分ですな。そもそも反キリストの理念は、ネロよりずっと以前に、アンティオコス四世（前二一五頃〜前一六三、シリア王、ユダヤ人へレニズムのためイエルサレム神殿にゼウスとしての自己の像をすえ、顕現神と呼ばれた——訳者）に対してユダヤ人が持っていた理念ですよ。そしてそれは今日まで、たとえばわが国の分離派教徒らの中に残っておるのです。この両者の間には何らかの共通の考え方が流れているのですな。

将軍　さよう、結構なことに閣下はこのような問題をお考えになるお暇をお持ちだ。ところが、あのお気の毒な公爵殿は、福音伝道の仕事に忙殺されて、キリストや反キリストのことを考えるどころじゃないのさ。ヴィント遊びにさえ、一日三時間以上はさけないとくる。律気な人間なんだから、それ相応に認めてやらにゃあなるまいて。

婦人　いいえ、それじゃあ公爵さんがあまりにもお可哀相よ。もちろんあの方たちには何か病的なところがおありよ。そのためなのか、とても不幸そうですわ。快活さも満ちたりたところも温良さもまったくありませんわ。聖書のどこかにあったでしょう。キリスト教は聖霊による歓喜だと。

将軍　実際もって、ひどいものさ。キリストの霊を持たぬ奴が、自分こそ本当のキリスト教徒だと詐称しとるんだからな。

Z氏　キリスト教徒の優越性という点に関し、その優越性がないという点がキリスト教の優越性だと思われておるのですよ。

将軍　だがわしの考えるには、この悲しむべき状況こそ反キリストの状況にほかならぬのだ。もっと賢明で敏感な連中は、この状況を目にして、とどのつまりにゃ万が一にも助かるまいという意識に苦しめられておるわい。

Z氏　いずれにせよ次のことは疑いありません。つまり、旧約にせよ、新約にせよ、聖書の見解より見ますと、反キリストというものは、歴史的悲劇の大詰めをさすものであって、単なる不信仰とかキリスト教の否定とか唯物主義の類いのものではないのです。それは、宗教的な僭称なのです。そしてその時、事実上でも本質上でもキリストおよび聖霊に無縁かつ敵対する諸々の力が、人類の中にあってキリストの名を騙るのです。

将軍　むろん、悪魔が大手を振るようになりゃ、悪魔は悪魔でなくなるさ。

政治家　しかし、あなたのご意見によりますとキリスト教徒は全て僭称者であり、つまり反キリストだということになりませんかね。例外は、無自覚な大衆——彼らがキリスト教世界の中に住んでいる限りにおいてですがね——とあなたのような少数の一部の風変わりな先生方だけということになりますな。だが、ここフランスでも、わが国ロシアでも、キリスト教のために駆けずり回り、それを職業にし、キリスト教の名目で自分の独占権もしくは特権をひけらかしている連中というものは、いずれにせよ『反キリスト』と何らかのつながりのある連中でしょうな。現在このような連中は、キリストの霊とは無関係な（私はそうあってほしいと願いますよ）二つの範疇のどちらか一方に属しておるのです。その一方は、狂暴な人非人どもですよ。奴らは今にも宗教裁判を復活させ、宗教的愚衆政治をうちたてようとしておるのです――最近逮捕されたある詐欺師に対して最高の讃辞を送るのを惜しまなかった『敬虔な』僧院長らや『雄々しい』『カトリック』士官ども（原註7）はその仲間ですよ。もう一方は新しい断食主義者や禁欲主義者らです。この連中は、アメリカ大陸でも発見したかのように、徳と良心の発見を公表しながら、内的な正義とあらゆる良識とを失っちまったのです。前者の連中には精神的な吐き気を覚えるし、後者の連中には物理的な欠伸を禁じえませんよ。

原註7　明らかに政治家は、〃自滅した〃アンリの記念祭申し込み運動のことをにおわせている。その際、あるフランスの士官は第二のサン＝バルテルミの虐殺（一五七二年、アンリ＝ド＝ナヴァールと王妹マルグリートの婚礼のため集まった新教徒に対しギーズ公らが行なった大虐殺――訳者）を希望し、その参加者を応募する旨を公表し、またある者は、あらゆるプロテスタント、フリーメーソン、およびユダヤ人を早く絞首刑に処すようにと主張している。さらにあるカトリックの僧院長は、ユグノー教徒やフリーメーソンやユダヤ人より剝ぎ取った人皮で安いじゅうたんをつくれば、善良なキリスト教徒はいつもこのじゅうたんを足で踏みつけ、そのことで将来は明かるくなるであろうと思いつつ生活している旨を公表している。これらの意見は、その他のこれと同種の数万の声明文のうちより抜粋され、

『Libre Parole』（『言論の自由』）紙上に掲載された。

将軍　さよう、以前にもキリスト教は、人の理解を越えたものであり、また憎悪の対象でもあった。だが、こいつが唾棄すべきもの、おそろしく退屈なものになっちまったのは最近のことだ。ことがこんなにうまく運んだので悪魔の奴がほくほくと揉手して、腹を抱えて喜んどるのが目に見えるようだわい。畜生め！

婦人　それでどうですの、このような人たちが反キリストだとあなたは考えていらっしゃるの？

Z氏　いや、ちがいます。反キリストが現われる明白な兆候は若干その中にうかがわれはしますが、でも反キリストそのものはもっと後になって出てくるのです。

婦人　じゃ、できるだけ簡潔に、そのことを説明して下さいませ。

Z氏　いや、簡潔に説明できるとはお約束いたしかねますな。本当の簡潔さにはなかなかお目にかかれません。だが偽りのこしらえ物の簡潔さほど悪いものは、これまた見あたりませんからね。すでに故人となった私の友人が好んで口にしていた旧い格言に、「ありすぎて簡潔なのはどうにでも受けとられやすい」というのがあります。

婦人　これもまたあまり簡潔とは言えませんわね。

将軍　そりゃおそらく、民衆の諺の中にあるのと同じものだろう。「ある場合には簡潔なのは泥棒よりもなお悪い」と言うんだ。

Z氏　そう、それですよ。
婦人　やっとわかりましたわ。
Z氏　しかし残念ですが、一言では反キリストの全ては説明できないのです。
婦人　じゃあ、お好きなようにお話して下さいな。
Z氏　まず第一にお尋ねしたいのですが、あなたはこの世に悪が存在しており、さらにそれが力を持っているということをお認めになられますか？
婦人　認めたくなくっても、認めざるを得ませんわ。死ということを考えてみただけで十分ですわ。ほかならぬこの悪から逃れることは絶対にできませんもの。「最後の敵として滅ぼされるのが、死である」（コリント人への第一の手紙一五章二六節——訳者）ということを信じてはおりますわ。でも、死が滅ぼされないうちは、明らかに悪は、ただ強大だというだけでなく、善よりも強いのですわ。
Z氏　（将軍に向かい）あなたはどうお考えでしょうか？
将軍　わしは銃弾や砲弾を前にしても目をつぶったことなどなかった。だからもっとやさしい問題などには瞬き一つせぬさ。むろん、悪は善と同じ様にこの現実に厳然と存在しておる。悪魔もおれば神もいる。もちろん神がその悪魔を許している間は、だがね。
政治家　私は当分返答を差し控えましょう。私の見解は徹底しておりませんのでね。それに、私が明白に理解している一面については、昨日可能な限り説明いたしましたから。でも他人の見解を知ることには興味があります。公爵君の考え方のあらましは私にはよくわかります。つまり彼は、真の思想などまったく持っておらんのです。qui n'a ni rime ni raison（韻も踏んでないし、理屈も通っていない）何かむき出しの不満だけが露呈しておるのですよ。だがもちろん、ポジティヴな宗教的見解というものは、それよりずっと内容のあるものであるし、なお一層私の興味を惹きつけるものに違いありません。ただ私は今日まで、その見解の形式面だけしか知らず、その形式面には満足することができませんでした。そこで私は、美辞麗句の類いではない、その問題に関して本当に正直な人間的なご意見を伺いたいと切に望む次第なのです。

Z氏　聖書を味わい読んでいる人々の知的地平線の上空高くにまたたいているあらゆる綺羅星の中でひときわ強く明かるい光を放っているのは、福音書の次のことばではないでしょうか。『あなたがたは、わたしが平和をこの地上にもたらすためにきたと思っているのか。あなたがたに言っておく。そうではない。むしろ分裂である』（ルカによる福音書一二章五一節）つまりキリストは、地上に真理をもたらすために来たのです。そして真理とは、善と同様にまず分裂をもたらすものなのです。

婦人　それは説明の必要がありましてよ。それならなぜキリストは Prince de la paix（平和の君）といわれているのでしょう？　なぜキリストは、平和をつくり出す人たちは神の子と呼ばれるであろうなどということをおっしゃったのでしょう？（マタイによる福音書五章九節他参照――訳者）

Z氏　あなたはとてもご親切なお方ですね。矛盾する聖句を和解させ、そこから至高の価値を得るようにと、私のために願って下さっておられるのですか？

婦人　そのとおりですわ。

Z氏　それでは次の点に注目して下さい。つまり、真の善き平和と悪しき虚偽の平和とを分かつことによって、はじめてそれらの聖句は一つに結びつけられるのです。そしてこのことを直接に示して下さったのは、真の平和と善き敵意とをこの世にもたらして下さったあの方にほかならないのです。『わたしは平安をあなたがたに残して行く。わたしの平安をあなたがたに与える。わたしが与えるのは、世が与えるようなものとは異なる』(ヨハネによる福音書一四章二七節——訳者）つまり一方には、キリストが地上にもたらしたあの分裂、善と悪、真と虚偽との分裂に基づく良きキリスト的な平和があります。一方、互い同士の心の中で敵対しあっているものを混同したり表面的に統一したりすることによって築き上げる悪しき世俗的な平和というものもあるのです。

婦人　良き平和と悪しき平和との違いはどのようなものなのでしょう？

Z氏　一昨日、将軍殿は冗談半分にニスタットの和やキュチュク＝カイナルジヤ条約のようなものが良き平和だとおっしゃいましたね。ほとんどそれと同じものなのですよ。将軍殿のこの冗談にはより重要で普遍的な意味が含まれているのです。精神の闘いにあっても、政治的な争いにあっても、良き平和が締結されるのは、戦争目的が達成されたあかつきにおいてだけなのです。

婦人　でも結局何のために善と悪は闘うのですの？　それに果たしてこの両者の間に争いなど必要なのでしょうか？　これらの間に実際上の激戦、corps à corps（格闘）など生じ得るものなのでしょうか？　普通の戦争では、一方が兵を増強しはじめれば、敵方も負けじと増強するでしょう。そして争いは大砲や銃剣による本物の決戦で決着がつけられるのでしょう。でも善と悪との闘いにはこのようなことはありませんわ。善の方が強くなれば悪の方は早急に弱くなっていくのですのよ。善と悪との争いでは本物の決戦にまで事態が進むなんてことはありっこないですわ。ですからこれは皆比喩的なものにすぎないのです。つまり、人々の中に善を増すように心掛ければ、悪は自然に少なくなってゆくのです。

Z氏　あなたのお説ですと、善人がもっともっと善人になれば、悪人はその悪念を失って、ついにはやはり善人となるのでしょうか？

婦人　私はそう思いますわ。

Z氏　では、善人の善意が悪人を善人に変えたり、あるいは少なくともそれよりはましな悪人にしたという実例をあなたご存知なのでしょうか？

婦人　いいえ、正直申しましてそのような例を耳にしたことも目で見たこともございませんけど……でも、ちょっとお待ちになって。あなたが今おっしゃったことは、おとといのあなたと公爵さんとのやりとりに似ているような気がしますわ。ほら、キリストでさえ己が善意にもかかわらず、イスカリオテのユダや悪い盗人の心を良いものにすることはできなかったとかいう……ですから、このことに対しては公爵さんがお答え下さらなくちゃならないのですわ。あの方がいらっしたら、あなた忘れずにお尋ね下さいましね。

Z氏　いや、私は彼を反キリストだとは思っておりませんので、彼の到来を確信しているわけではありませんからね（Z氏は反キリストの到来を確信している――訳者）、まして、彼の神学的な慧敏さには一層信頼がおけませんのでね。で、この未解決問題に私達の会話が煩わされずにすむように、公爵殿の見地より、彼がすると思われる反論をここにご紹介いたしましょう。「なぜキリストは自己の善意をもってユダおよびその同類の悪心を改心させなかったのか？」答えは簡単です。それは、その時代があまりに蒙昧で、真理の内的な力を感得しうる道徳的・精神的な発展段階に達していたのはごく少数の者にすぎなかったからです。ユダとその同類はまだあまりに『未発達』だったのですよ。しかしキリストは、自分の弟子たちにこう言ったのです。『わたしのしているわざをするであろう。それればかりか、もっと大きいわざをするであろう』（ヨハネによる福音書一四章一二節――訳者）つまり現在私達が到達しているような人類の道徳的・精神的発展の高度の段階にあっては、キリストの真の弟子たちは、一八世紀以前に可能であったよりも、もっと大きな精神的・道徳的な奇跡を、悪にさからわぬ柔和なその力でなすことができるのです。

将軍　ちょっと待て、待ってくれ！　もし奇跡をなすことができるのなら、なぜしないのだ？　それともあなたはこの新しい奇跡を見たことでもあるのかね？　だって、公爵殿の言われる「キリスト教意識の道徳的・精神的発展において一八世紀以上も経過した」この今でさえ、わしの蒙昧な心をどんな手をつくしても誰も啓蒙できないでおるじゃないか。わしは公爵殿の生まれる前から食人種であったし、今でもそうだ。神とロシアを知ってこのかた、昔も今もわしがこの世で一番好きなのは、軍事一般であり、またとりわけ砲術なのだ。それなのに、わしは、例の公爵どのと話をしておるし、それればかりか彼よりももっと偉い無抵抗主義者たちともつきあってきたのですぞ。

Z氏　どうして、そんな個人的な問題を持ち出すのです？　いったいあなたは私に何をしろとおっしゃるのです？　私は、今ここにいない論敵のために、彼が見落としていた福音書の一節を紹介してあげただけですよ。それに、

　これが道理にかのうておるか、それとも否か、

　他人《ひと》の夢には責任持てぬ。

婦人　それじゃあ、今度は私がお気の毒な公爵さんのために弁護して差し上げましょう。もしあの方が賢明に振舞うことをお望みなら、将軍様に対してこう答えることでしょう。「あなたがおつき合いをされた僕や僕の仲間がキリストの弟子だという自覚を持っているそのわけは、キリストに倣って自分らの思考や行動を実行しようと志しているからなのであって、決して僕らが偉大な力を得たからではないのです。でもおそらく、僕たちよりもずっと完成されたキリスト教徒達がどこかにいるのでしょう。あるいはまもなく出てくるでしょう。そしてその若者達は、あな

たの心の暗い壁を打ち砕いてくれることでしょう」と。

Z氏　むろんこの答えは実質的で便利なものです。不特定の裁判所に控訴しているようなものですからね。だがこれはそもそも不真面目ですよ。仮りに彼らが次のように言い、また言わざるをえないとしましょう。つまり、我々は何もできない、キリストがなしたことより大きなことも、またはそれと同じことも、さらにそれ以下のいくらかでもそれに似たことさえ、何一つできはしないとね。でも、このようなことを認めたとしても、そこから論理的にどんな結論を導きだせますか？

将軍　おそらく、『わたしを信じる者は、またわたしのしているわざをするであろう。そればかりか、もっと大きいわざをするであろう』というキリストのことばは、この連中に向けられているのではなく、連中とは似ても似つかぬ他の誰かに対して語られてるのだという結論しか出てこないだろうさ。

婦人　でも、敵を愛し迫害するものを赦せというキリストの教えを徹底的に守ったら、その人は自分の柔和さで悪人の心を善良なものに変える力をキリストから与えられるかもしれませんわ。

Z氏　つい最近この種の試みがなされたのですがね。それは成功しなかったばかりじゃなく、あなたのお考えとは正反対の結果に終わったのですよ。どこまでも柔和な人がいたのです。彼は自分に与えられたどんな侮辱も赦したし、そればかりでなくあらゆる悪業に対して、それを超える大きな善行で答えていたのですよ。ところがどうです？ 彼は敵の心を揺り動かし、その敵を道徳的に更生させることができたとお思いですか？ とんでもない。彼は悪者の心を一層荒れすさびさせ、とうとうその悪者の手にかかって非業の死をとげたのです。

婦人 何について話していらっしゃるの？ それは誰のことですの？ いつ、どこに住んでいた人ですの？

Z氏 つい先頃ペテルブルグに住んでおりましたよ。あなた、ご存知かと思っておりましたのに。侍従のデラリューのことですよ。

婦人 聞いたことありませんわ。ペテルブルグのことなら隅から隅まで五本の指のように良く存じておりますのに。

政治家 私もどうも憶い出せませんな。だが、その侍従の話って一体何のことです？

Z氏 その話は、アレクセイ・トルストイ（ロシアの詩人、一八一七〜一八七五——訳者）の未刊の詩の中で見事に物語られておりますよ。

婦人 未刊ですの？ それじゃおそらく諧謔詩でしょう。このような真面目な話題にそれはふさわしいものですの？

Z氏 保証しますよ。この詩は諧謔詩の形式をとっておりますが、きわめて真面目な、そしてまず第一に正しい現実的内容を持っているのです。いずれにせよ、この道化詩は人間生活における善と悪との間の現実的な関係というものを表現しております。そしてそれは、私が真面目な散文などで表わすよりはずっと上手に表現しているのです。心理分野を巧妙かつ生真面目に開拓している長編小説が数々あります。でもその主人公らは読者たちにとって単なる文学的な記憶にすぎないのです。それに対し、この諧謔詩は、滑稽きわまりない粗雑な戯画的な衣を纏いながら道徳的・精神的な問題の深奥に触れ、しかもその芸術的・哲学的真実を保持しているのです。この点、私はいささかの疑いも抱きませんよ。

婦人　でも私にはあなたの逆説が信用できませんのよ。あなたは反抗心にとらわれていらっしゃる。そしていつも世論というものを馬鹿にしておられるのですわ。

Z氏　もし世論などというものが現に存在しているのなら、おそらく私はそれを『馬鹿にする』でしょうな。でも、あなたはデラリュー侍従の話をご存知なく、一方私は空でそいつを覚えているのですから、ともかくそれをお話しすることにいたしましょう。

　神を畏れぬ殺し屋がドスをぐさりと
　　デラリューの胸に突き刺した
ところがデラリュー、シャッポをとって礼儀正しく奴に言う。
　「ありがとう」
この恐しい悪党は彼の左の脇腹をドスでグサリと
　えぐり取る。
ところがデラリューまたも言う。「なんとあなたの短刀は見事な短刀！」
今度は悪党、デラリューの右手にまわり
彼を突き刺す
しかしデラリュー、狡猾な笑みを浮かべて
ただ脅しの仕草だけ。
そこで悪党、デラリューの身体《からだ》を限なく
貫ぬき刺した。
だがデラリューの言うことにゃ、「三時のお茶を
ご一緒に」
悪党は這いつくばって、さめざめと泣き
木の葉のように顫いた。
するとデラリュー、「さあさあどうか起ち給え！
この場の床は穢れてる。」
だが悪党は足許で胸の痛みに耐えかねてやはりそのまま
哭いている。
さてデラリューは両手を広げ感嘆し
「思いがけない！

ありえない。どうしてなのだ？　こんなにも嘆き悲しみ叫ぶとは？
　些細なことです！
ねえ、あなた、私はあなたに小作地を
　斡旋しよう。
スタニスラフ勲章をあなたの頸にお掛けしよう
　人の模範《ならい》となるように。
私は政府に忠告を与える権利をもっている
　私は侍従だ
「娘のドゥーニャを差しあげましょうか？
　結納金に
十万ルーブル紙幣《おさつ》で
　あげよう。
今のところは、私の写真を記念《かたみ》として
　友誼のしるしに差し上げよう。
額縁はめる暇はないけど、どうかこの儘
　受取り給え！」
すると突然悪党の顔が険悪に、胡椒さながら苦くなる。
ああ、堕落した心には、悪に報いる善などは
我慢ができない。
け高き心は凡人を不安にさせる
闇には光が恐しい。
肖像写真はまだゆるせるが
小作の土地とはとんでもない。
悪党の心の中に炎々と妬みの毒が
炎えさかり、
スタニスラフの勲章を
頸に掛けるや、
悪魔のような憎悪に満ちて、短刀を
毒液に浸け、
デラリューの背《そびら》にそっと近寄り
グサリと刺した！
侍従は床に頽《くずお》れて、あまりの痛みに
ソファーに坐る力もない。

さて悪党は、中二階のドゥーニャを
　犯し——
タムボーフへ逃げ、やがてその地で知事となり
　皆から大層愛される。
それから仕事に熱心な元老院の議員として
　モスクワの町で敬われ、
またたくの間に
　閣僚入り。
この話、ぼくらにとって何という手本であろう、
　何という教訓だろう！

婦人　まあ、何て素敵なお話でしょう、思いもかけなかったわ！

政治家　実際もって素晴しい。『紙幣《おさつ》であげよう』——うまい！『小作の土地とはとんでもない』と『タムボーフへ逃げ』——deux vrais coups de maître!（二つともまことに巧みなものだ）

Z氏　しかし、この話の持つ真実性に注目して下さい。デラリューは、この自然界には見当らぬような『清浄この上ない善人』などではないのですよ。彼は、あらゆる人間的な欠点、虚栄心（『私は侍従だ！』）も貪欲さ（一〇万ルーブルも預金していたのですからね）も持っている生き

たなま身の人間なのです。悪党の短刀をもってしても犯すことのできなかった彼の現実離れした善良さは、彼の無限の人の良さをはっきりと象徴するものにほかならないのです。それはどんな侮辱にも打ちひしがれることのない、不感症的とさえ言えるものなのです。このような人は、きわめて稀ではあるにせよ、ともかくもこの世に存在しているのです。デラリューは偽善者ではありません。生まれついてのお人良しなのです。彼の心の中の善良な性格が悪い性格を打ち負かし、おとなしい弱々しさという形で心の皮相へとその性悪さを浮かび上がらせているのです。

同様に『悪党』も悪徳の権化のようなものでは決してなく、善い性格と悪い性格が混ざり合った普通の人間なのです。しかし彼にあっては、妬み深い悪が魂の奥に巣食っており、あらゆる善い性格を魂のうわつらへと圧し退けているのです。そしてそのうわつらの部分に善良な性格はきわめていきいきと、しかし単なる表面的な激情として現われ出るのです。残忍な侮辱に対してデラリューが礼儀正しく応答し、お茶の席にまで招待した時、この『悪党』のうわつらの道徳感情は、侍従の教養高いふるまいにひどく感動し、すぐさま悪党は後悔の念にとらわれたのです。ところが、侍従の礼儀正しさは、真のお人良しの心からの同情というものに変わってゆき、敵の悪に対して見せかけのやさしい善良な言葉やジェスチャーで答えるにとどまらず、実際的な援助という現実的ないきいきとした善をもって報いようとしたのです。そしてデラリューは、その悪党の生活にまで立入って、彼に自分の財産を分与し、就職や、家庭的な幸福までも図ってやろうとしたのです。するとその時、この現実的な善意は、悪党のもっと根深い倫理的な深層をも貫ぬき、彼の心が道徳的・精神的に醜悪であることを暴き出してしまったのです。そして遂にはその心の底にまで届き妬み深い天邪鬼の目を醒させてしまったのです。悪党が妬んでいるのはデラリューの善意ではありません。彼自身だって善良になること位できますからね。『心の痛みに耐えかねて哭いていた』時、彼は自分の善良さを自覚していたに違いありません。彼が妬んだのは、まさにこの善意のはかりしれなさと素朴な真剣さであったのです。それは彼にとっては到底及びもつかないものなのです。

肖像写真はまだゆるせるが

小作の土地とはとんでもない。

果たしてこれが現実というものではないでしょうか? 実際の現実中にはこのようなことはよくあることではないでしょうか? 同じ恵みの雨により、薬草からは有益な力が、毒草からは毒が生い育つのです。これと同様に現実の善行というものも、とどのつまりは、善にあっては善を悪にあっては悪を増し殖していくものなのです。果たして私達は、己が良き感情の赴くがままに、いつも前後の見さかいなく行動しなくてはならないのでしょうか、またそのように行動できるものでしょうか? 庭に子供が遊んでいるというのに、その庭の毒草に善意をもって水を注いでいる親を私達は誉めることができましょうか? 一体全体、ドゥーニャは何のために身を滅ぼしたのでしょう?

将軍 まったくもってその通りだ! もしデラリューがその悪党をこっぴどく殴りつけ、家より追い出しておったなら、奴は中二階どころじゃなかっただろうさ！

Z氏　事実デラリュー氏がその身を自分の善良さの犠牲として滅ぼすぶんには、差しつかえありません。昔、信仰の殉教者がいたように、現在、善意の殉教者がおったとて構いやしません。だが、ドゥーニャは一体どうなるのでしょう？　彼女は若く何も知らず、身の証しをたてるすべも知らず、またそのことを思いつきもしないのです。あまりにも彼女が哀れじゃございませんか？

政治家　哀れだとしておきましょう。だが私には、当の反キリストがその悪党ともども、どうやら私達のこの場からタムボーフへでも逃げていっちまったらしいことの方が、もっと残念ですがな。

Z氏　今追いついてつかまえますよ、閣下、今すぐに！　昨日、あなたは歴史の意味をご指摘なさいましたね。それによりますと、自然のままの人類は、最初多かれ少なかれ、相互に無縁な互いのことは何も知らぬ、またあるいは敵対しあっている、そのような野蛮な数多の民族から成っていたが、次第次第にその中より、優秀な教養高い民族を創り出していったのだというのでしょう。そして文化的もしくはヨーロッパ的世界は漸次成長拡大してゆき、ついにはこの歴史の運動の中で立ち遅れている残りの全ての民族を包含し、それらを平和的に連帯しあった国際的な一つの総体へと結びつけるはずだとおっしゃるのでしょう。つまり、恒久的な国際平和の確立……これがあなたの公式でありましょう？　違いますか？

政治家　そのとおりですな。そしてこの公式が実現されるのは、もうすぐでしょう。その時には、今考えられうるよりもはるかに大きな本質的で文化的な成功を収めることでしょう。あなた、ちょっと考えてみて下さい。いかに多くの悪が必要に迫られて退化してゆき、いかに多くの善がその本性に従って発生し発展してきているかを。またどんなに大きな力が生産活動のために開発され、科学や芸術や商工業の花が開いてきているかを……

Z氏　しかしところで、目の前に迫っている文化の数々の成果の中には、病気と死の絶滅ということも含まれているのでしょうか？

政治家　もちろん……ある程度までは。衛生法だとか消毒法だとか……臓器療法だとかいう衛生管理の面では多くのことがなされておりますよ……

Z氏　だが文化の発展にともない、神経病ないしは精神病的頽廃現象が生じてきております。ポジティヴな面での疑いもない成果というものは、それと同じ位疑いのないこれらの頽廃現象の進展によって相殺されてしまうのではないでしょうか？

政治家　だがその頽廃現象の進展という奴はどんな秤で量るのでしょうかね？

Z氏　いずれにせよ、プラスが増せばマイナスも増すということは反駁の余地のないことなのですよ。そして、とどのつまりは何か零に近い答えが与えられるのです。これは病気に関して言えることとです。しかし死については、文化がいかに進歩しても零以外には何の答えもでてこないようですね。

政治家　だが、死を絶滅することなど、文化発展の課題ではありませんよ。

Z氏　わかっております。だが、だからこそ文化発展というものをそれ程高く評価できないのです。私にとって大切な一切のもの、および私自身が永久に消滅せざるをえないものであり、またそのことを私がはっきりと自覚していると仮定しましょう。だとしたら、どこかで様々な民族が戦っていようが平和に暮していようが、そんなことは私にとってどうでもよいことになるじゃありませんか。あれやこれやの民族が文化的であろうと、野蛮であろうと、礼儀正しかろうとそうでなかろうと、これまた私には関わりのないこととなります。

政治家　むろん、個人的・利己的な見地より見れば、そう言えるでしょうな。

Z氏　どうして利己的見地からなのです？　失礼ながら、どんな見地から見てもこのことは言えるのですよ。死は一切のものを平等に均《なら》します。死を前にしては利己主義も利他主義も一切が無意味なのです。

政治家　そうだとしましょう。だが無意味だからといって利己主義がなくなるわけではありません。これとまったく同様に、利他主義もそれが一般に存在しうる限りは、理性的な根拠などは要りません。まして死を云々することなどまったく必要ありませんな。私は私の子や孫が死ぬことを知っています。でも、だからといってこの子らに、できうるなら未来永劫に至るまで幸せになってほしいと願い、そのためにいろいろ心配してやることをやめてしまいはしませんよ。私は子や孫のために苦労を忍びます。なぜなら彼らを愛しておるからです。彼らに命を捧げるのは、私にとって嬉しいことだからですよ。『私にはそれが楽しいのです』C'est simple comme bonjour.

(こんにちわと言うのと同じように、単純なことですよ)。

婦人　万事が好都合に運んでいるうちはそうでしょうとも。たとえ、死という考えが一応浮かんできたとしてもね。でも子供や孫達の身に次々と不幸が襲いかかってきたらどうでしょう? 嬉しいも楽しいもあったもんじゃなくってよ。そんな感情なんか、沼の水藻と同じで、頼りにも救いにもなりませんわよ。

Z氏　さよう、それにそのことを別にしても次の反論ができますよ。つまり、子や孫の面倒を見るのに、そのことが彼らにとって実際上究極的に良いものであるのかどうかなどという問題を設定したりする必要はないかもしれませんし、現にないでしょう。あなたが子や孫の面倒を見るのは、彼らに対して生きた愛情を抱いているからにほかならないのです。ところが、まだ存在していない未来の人類に対してこのような愛情を持つわけにはまいりません。ここに、私達がその人類のことをなぜ心配し配慮するのかという、最終的な目的もしくは意味に関する理性的な問いかけが生じてくるのは至極あたりまえではありませんか。この疑問は究極において死によって解決されると仮定しましょう。つまり、私達人類の進歩および文化のゆきつく結末が、いずれにせよ各個人ならびに万民全体の死にすぎないと仮定しましょう。だとすると、明らかにどんな進歩的な文化活動も無価値で無意味だということになってしまいます。

(Z氏はここで突然話を途切らせた。他の仲間たちは、音のした木戸の方を振りむき、しばらくそのまびっくりしていた。公爵が庭の中にはいってきたのだ。彼は乱れた足取で話仲間たちの方へ近づいてくる。)

婦人　あら！　私たち、まだ反キリストの話にははいっておりませんのよ。

公爵　そんなことはどうでもいいのです。僕は考え直しました。弁明も聞かずに、友人の方々の過ちに対して毒づいたのは馬鹿でした。

婦人　(勝誇った口調で将軍に対し) ほらご覧なさい！　何かおっしゃりたいことがおあり？

将軍　(すげなく) 別に。

Z氏　(公爵に) ちょうどいいところにいらっしゃいましたよ。野蛮人だろうと、未来の教養高いヨーロッパ人のような者だろうと、あらゆる人にとって進歩のゆきつく涯が常に死であるのなら、いったい進歩などというものにいろいろ心を配る必要があるだろうかということを話しているのです。あなたのご教説によりますと、どういうことになりますかな？

公爵　真のキリスト教教義によりますと、そのような問題設定をすることさえ許されないことなのです。この問題に対する福音的な解答は、ぶどう園の譬えの中にとりわけはっきりと力強く語られておりますよ。ぶどう園の労働者たちは、主人のために働くようにとそこに遣わされたにもかかわらず、そのぶどう園を自分らの所有物だと勝手に思いこんだのです。そしてぶどう園の中の全てのものを自分達自身のために用い、この中で自分らの生活を楽しむためにだけ仕事をし主人のことを忘れてしまったのです。その上、彼らに主人のことや、主人に対する義務のことを思い出させた人々を殺してしまったのですよ。

現在、ほとんど全ての人が、このぶどう園の労働者のように生きているのです。つまり、彼ら自身が自分の生の主人であり、その生は自分らの快楽のために与えられたのだという愚朦な確信に基づいて生きているのです。だがこれは明らかに馬鹿馬鹿しいことですよ。僕たちがこの世に遣わされている以上、それは誰かの意志により、何らかの目的のためにほかなりません。ところが僕達は茸と同じ生き方をしているのです。つまり、自分の悦楽のためだけに生まれ、生きているのです。主人の意志を実行しない労働者が悪い労働者であるように、僕達も悪い人間だということは明らかなのです。主人の意志というものはキリストの教えの中に表わされているのです。この教えを実行しさえすれば、この世に神の国が打ち建てられるでしょう。そして人々は、可能な限りの至福を与えられるでしょう。これが一切なのです。まず神の国と神の義を求めなさい。そうすれば、これらのものは、すべて添えて与えられるであろう（マタイによる福音書六章三三節——訳者）。しかし僕達は、これらのものの方を探して、見いだせないでいるのです。神の国を打ち建てるどころか、それを破壊しているのです。様々な国家や戦争や裁判所や大学や工場などによってね。

将軍　（そっぽを向いて）そら、はじまったぞ！

政治家　（公爵に）それでおしまいですかな？

公爵　ええ。

政治家　この問題に対するあなたのお答えは、私にはさっぱり理解できぬと言わざるを得ませんな。何かを判断し、証明し、説明して、また納得させようとしていらっしゃるようですが、あなたのおっしゃることは全て、手前勝手でつじつまのあわないことばかりですよ。たとえばあなたは言われましたな。私達がこの世に遣わされた以上、それは誰かの意志により、何らかの目的のためにほかならないと。このことはあなたの主眼らしいですが、一体どういうことなのですかな？　私達が何らかの目的のために誰かによってこの世に遣わされたなどというお考えをあなたはどこから引き出して来られたのですかな？　誰がこんなことをあなたに語ったのです？　私達がこの地上に存在しているのは確かです。でも私達のこの存在が誰かによって遣わされたものだというあなたの主張には何の根拠もありませんよ。

たとえば私は、若い頃公使をしておりました。私はこのことをはっきりと自覚しておりましたし、また誰によって何のために遣わされたかも知っていましたよ。なぜなら、第一に私は文句のつけようないレッキとした書類を持っておりました。第二に私は先帝アレクサンドル・ニコラエヴィチに親しく謁見し、皇帝じきじきの指令を受けました。第三には三年ごとに十万ルーブルの金貨を受けとっておりました。だがこんなこともなく、往来で見知らぬ男がいきなり近寄って来て、お前は公使でこれこれのためこれこれの場所へ遣わされるなどと言おうものなら、私は近くに巡査がいないかと辺りを見廻すでしょうよ。ひょっとしたら殺意を持っておるかもしれぬこの妄想狂からわが身を護るためにね。さて件《くだん》の場合に関して言えば、あなたは、想像上のその主人から確かな辞令も受け取っていらっしゃらないし、直接に謁見もしておられないでしょう。給料も貰ってはいらっしゃらないのですな。いったい、あなたは何の公使なのですかな？　ところがあなたはご自分ばかりじゃなく他の全ての人間をも、公使ともつかず労働者ともつかず、勝手にきめこんでしまっておられるのですぞ。いったいどんな権利で、どんな根拠に基づいてなさっておられるのですかな？　解せませぬな。あなたのご高説は私には、très mal inspirée d'ailleurs（他の所から着想を得た極めて欠点の多い）修辞学的即興演説のように思われますがね。

婦人　あなた、またとぼけていらっしゃるのね。あなた、ちゃんとおわかりでしょ。公爵さんは何もあなたの不信仰さを嘖めようとなさっておられるわけではないのよ。一般的なキリスト教的見解を述べていらっしゃるだけよ。私たちは皆神様から遣わされて、神様に仕えなくてはならないという……

政治家　いいや、私には給料を貰わぬ勤務などというものは理解できませんな。もしその給料が万民にとって一様の死というものだとするのなら、こいつは Je présente mes conpliments（おめでたいこと）ですよ。

婦人　あなたからわざわざそんなことお聞きしなくてもいずれにせよ、人間は死ぬのですわ。

政治家　ほら、まさにその『いずれにせよ』って言葉が人生というものは勤務などではないってことを証明しとるのですよ。私が生まれてきたということと同様、私が死ぬということに対しても、特に私が承諾する必要などないのです。だとすると私は生の中にも死の中にも現に存在しているもの、つまり自然の必然性というものを見ますね。主人に対する何らかの勤務などという考えをひねり出したりなどはしませんよ。私の結論は次のようなものです。生きられる間は生きろ。そしてできうる限り賢くより良く生きようと努めろ。賢明なよりよい生活の条件というものは平和的な文化であるのだ。でもともかく、公爵殿のおっしゃられたような問題の解決というものは、キリスト教教義の基盤に立ってさえ非難されるものだと思いますな。しかしそのことに関しては私よりもっとそれにふさわしい方にご発言願いますよ。

将軍　何が解決かね？　解決でも問題提起でもありゃしない。単なる口先きでの問題回避さ。わしが地図上で、そこに記入された敵の要塞をこれまた記入された味方の軍隊で包囲し攻略するのと同じことさ。有名な兵士の歌にあるように、この種のことはしばしば起こるがね。

四日の日
俺たちゃ魔がさし
　山岳攻撃。
…………
公爵伯爵集まって
でっかい紙に
　地形を描いた。
紙上じゃ万事上首尾だったが
通らにゃならぬ谷のあるのを

忘れておった。
結果は目に見えとるわい
数個連隊で出発したが
フェドヒン高地に着いたのは
全部でたったの二個中隊。

公爵　何が何やら解りませんな！　私の説に対する反論はこれで全てですかね？

将軍　あなたのご高説の中で特にわしに理解できぬのは茸に関する話じゃ。茸は自分の悦楽のために生きとるそうじゃが、わしはまた奴らは茸入りのクリームやピローグ好きの連中に喜びに与えてくれるために生きとるとばかり思っておったわい。だが、あなたのおっしゃるように、この世での神の国が死をどうすることもできんとしたら、人間はやむをえずいやいやながら生きているることになる。あなたがつくり出した愉快な茸じゃなく、鍋でゆでられる普通の茸のように、その神の国の中で生きていることになる。そもそも、この神の国にあっても、死は人間どもを食いつくすだろうし、そうすりゃその人間たちにとって一切は終わっちまうことになるのだからな。

婦人　公爵さんはそんなことおっしゃらなかったわよ。

将軍　そんなもこんなもあるものか。大体、一番肝心な点に関してどうして何も触れないのかね？

Z氏　その質問事項を採りあげるまえに、私は公爵さんにお尋ねしたいのですがね。いったいあなたは、ご自分の見解を言い表わすために用いたあの譬話をどこから引用されたのですか？　それともこれは、あなたの作り話でしょうか？

公爵　作り話ですって！　これは福音書の中で語られている譬じゃありませんか。

Z氏　とんでもない！　どの福音書の中にもそんな譬は見あたりませんよ。

婦人　まあ、あなたったら！　公爵さんの頭を混乱させてしまうおつもりなの？　だって福音書には、ぶどう園の労働者に関する譬話がちゃんとありますわよ。

Z氏　外見的に何やら似たような話はありますよ。だが内容と意味という点では、それは福音書の譬とはまったく別のものなのですよ。

婦人　何ですって？　もう結構ですわ！　私にはまったく同一の譬話のように思われますもの。あなた、屁理屈おっしゃってますけど――あなたのお言葉だけじゃ信用なんかできませんわ。

Z氏　その必要はありません。私は聖書をここに持っております（ポケットより小型版新約聖書をとり出し、頁をめくり始めた）。ぶどう園の労働者達に関する譬話は、マタイ、マルコ、ルカの三つの福音書の中に見られます。だがこれら三種のヴァリアントの間には格別目立った差異はありません。それで一つの福音書を通読すれば十分ですが、一番詳しいのはルカ伝ですね。この話は二〇章に出て来ます。民衆に対するキリストの最後のしめくくりの説教が述べられている部分です。ことは終わりに近づいてきており（一九章の終わりと二〇章の初め）、祭司長や律法学者達がキリストに対して最後の直接的な攻撃を加えはじめ、彼の行動の権限は誰から与えられたのか、どんな権利によって彼は行動しているのかを明らかにするように迫ってくるのです。いや、これは読んだ方がよいでしょう。（読む）

「イエスは毎日、宮で教えておられた。祭司長、律法学者また民衆の重だった者たちはイエスを殺そうと思っていたが、民衆がみな熱心にイエスに耳を傾けていたので、手のくだしようがなかった。ある日、イエスが宮で人々に教え、福音を宣べておられると、祭司長や律法学者たちが長老たちと共に近寄ってきて、イエスに言った、『何の権威によってこれらの事をするのですか。そうする権威をあなたに与えたのはだれですか、わたしたちに言ってください』。そこで、イエスは答えて言われた。『わたしも、ひと言たずねよう。それに答えてほしい。ヨハネのバプテスマは、天からであったか、人からであったか』。彼らは互に論じて言った、『もし天からだと言えば、では、なぜ彼を信じなかったのか、とイエスは言うだろう。しかし、もし人からだと言えば、民衆はみなヨハネを予言者だと信じているから、わたしたちを石で打つだろう』。それで彼らは『どこからか、知りません』と答えた。イエスはこれに対して言われた、『わたしも何の権威によってこれらの事をするのか、あなたがたに言うまい』……」

婦人　何のためにあなたはこれをお読みになるの？　人々が悪意をもって迫ってきた時、キリストは何も答えなかった。それは結構ですわ。でも、これがぶどう園の労働者たちの譬話とどういう関係にありますの？

Z氏　ちょっと待って下さい。これらのことは皆結局一つの結論へとゆきつくのです。あなたはキリストが答えなかったとおっしゃいましたが、とんでもありません。彼はまったくはっきりと答えているのですよ。それも二重の意味でね。まず彼は、自分に権威を与えて下さった方を指し示しました。それに質問者たちにとってもその権威は否認することのできないものであったのです。次に彼は、その質問者達が彼に対して何の権威も権利も有していないということを示したのです。なぜなら、彼らはただ民衆を恐れ、生命をおしみ、群衆の意見に追随して行動しているにすぎないからです。しかしそもそも真の権威というものは、他人に追随するものではなく、他人を先導するものなのですよ。民衆を恐れ、民衆の噂を気にすることによってこの連中が示すことができたのは、真の権威が自分らから離れ、民衆のものとなってしまったということだったのです。そしてこの時キリストは、民衆の眼前で、自分に反抗している彼らを責めようとなさったのです。メシアに対して反抗している軽蔑すべき民族指導者達を叱責すること――この点にこそ、ぶどう園の労働者達の譬話のあらゆる内容があるのです。これからそこを読みましょう。

(読む)

「そこでイエスは次の譬を民衆に語り出された、『ある人がぶどう園を造って農夫たちに貸し、長い旅に出た。季節になったので、農夫たちのところへ、ひとりの僕《しもべ》を送って、ぶどう園の収穫の分け前を出させようとした。ところが、農夫たちは、その僕を袋だたきにし、から手で帰らせた。そこで彼はもうひとりの僕を送った。彼らはその僕も袋だたきにし、侮辱を加えて、から手で帰らせた。そこでさらに三人目を送ったが、彼らはこの者も、傷を負わせて追い出した。ぶどう園の主人は言った、〈どうしようか。そうだ、わたしの愛子をつかわそう。これなら、たぶん敬ってくれるだろう〉ところが、農夫たちは彼を見ると、〈あれはあと取りだ。あれを殺してしまおう。そうしたら、その財産はわれわれのものになるのだ〉と互いに話し合い、彼をぶどう園の外に追い出して殺した。その際、ぶどう園の主人は、彼らをどうするだろうか。彼は出てきて、この農夫たちを殺し、ぶどう園を他の人々に与えるであろう』。人々はこれを聞いて、『そんなことがあってはなりません』と言った。そこで、イエスは彼らを見つめて言われた、『それでは、

〈家造りらの捨てた石が
隅のかしら石になった〉

と書いてあるのは、どういうことか。すべてその石の上に落ちる者は打ち砕かれ、それがだれかの上に落ちかかるなら、その人はこなみじんにされるであろう』。

このとき、律法学者たちや祭司長たちはイエスに手をかけようと思ったが、民衆を恐れた。いまの譬が自分たちに当てて語られたのだと、悟ったからである。」

お尋ねしますが、ぶどう園の農民に関するこの譬は、誰について何のことを語っているものなのでしょう？

公爵　あなたの反論の要点がよくつかめません。ユダヤの祭司長や律法学者たちが立腹したの

は、自分たちが譬の中で語られているこの世の悪しき人々の見本にされ、また本人もそのことに気づいたからでしょう。

Z氏　しかし彼らはこの譬の中でいったい何を摘発されているのでしょうか？

公爵　真の教えを遵守していないということをなんですよ。

政治家　そりゃ明らかなようですな。この無頼の連中は茸のように、自分らの快楽を目的として生きておる。煙草を吸い、火酒を飲み、屠殺獣の肉を食らい、自分らの神にまでそれを捧げているのですからな。おまけに妻をめとり、裁判所で主導権を握り、戦争に参加しとるとくる。

婦人　あなたのようにお年を召し、地位もおありになる方が、そんな皮肉をおっしゃるなんて、はしたないですわよ。この方を気になさらないでね、公爵さん。私達真面目に話しましょうよ。私、次のことをお尋ねしたいのですの。福音書の譬では、事実ぶどう園の農夫達は主人の息子、後継者を殺したので、自分たちも殺されるのでしょう。そしてこれが福音書の眼目でもあるのでしょう。どうしてあなたはこのことに言及なさらないの？

公爵　それは、このことがキリスト個人の運命に関係したことであるからなのです。もちろんキリストの個人的な運命も重要なものですし、興味深いものです。でも、ともかくそれは、誰にでも必要な唯一のことにとっては本質的なものではないのです。

婦人　と申しますと？

公爵　つまりそれは、神の国と神の義を求めよという福音書の教えを実行する上においてはそれほど本質的なものではないのです。

婦人 ちょっと待ってちょうだい。私、頭の中が何だかこんがらかってしまって……ええと問題は何だったかしら……そうそう（Z氏に向かい）あなた聖書をお持ちね。この章には譬話の他にどんなことが書かれているか教えてくださいな。

Z氏 （聖書を繰りながら）カイザルのものはカイザルに返せということが述べられていますな。それから死者の復活について、神は死んだ者の神ではなく生きている者の神なのだから死者達は甦るということが書いてあります。それにキリストはダビデの子ではなく神の子だという証明があって、最後の二節は律法学者達の偽善と虚栄に対する攻撃ですな。

婦人 ほらごらんなさい。これもまた福音書の教えですのよ。世俗の国家を承認しなくちゃならないし、死者達の復活を信じなくてはならないし、それにキリストはただの人ではなく神の子だということを信じねばならないのですよ。

公爵 でも誰によっていつ書かれたのかわからないたった一つの章から結論を出すことができますかね

婦人 まあ、とんでもない！ 一つの章どころか、四つの福音書全部に復活のことも、キリストの神性のこともとてもたくさんでてまいりますわ。いちいち調べなくともわかりきったことですわよ。特にヨハネ伝には多いですわ。お葬式の時にも読むでしょう。

Z氏 誰によっていつ書かれたのかわからないというご意見に関しましては、現代ドイツの非キリスト教批評家でさえ、共観福音書は全て一世紀の使徒時代の所産だと認めておりますよ。

政治家　そういえば、『Vie de Jésus』（『イエス伝』―ルナンの主著――訳者）の一三版にも四福音書に関する前言取消しのようなものが載っておりましたな。

Z氏　先生方にひけをとるわけにはまいりませんね。けれども公爵さん、はなはだ困ったことには、この四つの福音書がどのようなものであれ、またいつ誰によって書かれたものであれ、これ以外には、あなたのおっしゃるようなもっと正しい、あなたの『お教え』と一致した他の福音書というものは存在していないのですよ。

将軍　存在していないどころか？　キリストの出てこぬ、ただ殺人と軍事に関する教義だけが説かれている第五福音書が存在しとるさ。

婦人　あなたまでそんな皮肉を？　恥ずかしくありませんの！　よろしいわ、あなた方が徒党を組んで公爵さんをからかうなら、ますます私はこの方に味方いたしますわ。公爵さん、私にはよくわかりますわよ。あなたはキリスト教の最も良い面をピックアップしようとなさっていらっしゃるのでしょう。あなた方の福音書は私たちのものと違うようですけど、でもあなたもあなたのお師匠さんたちも、昔のl'esprit de M. de Montesquie（モンテスキューおよびその一派の精神）やl'esprit de Fénelon（フェネロンの精神）を表現した小冊子と同じようなl'esprit de l'Evangile（福音書の精神）を書き上げたいと思っていらっしゃるのでしょう。ただ残念なことに、あなたがたのうちの誰一人、「これこれの教義によるキリスト教の精神」とでもいうべき独自の小冊子を著わしていらっしゃる方はおられないのですわ。それに、これらのありとあらゆるヴァリアント的な考え方にとりまかれても私達普通の人間が物の筋道を失わないように、『問答示教書』のような類いのものも絶対に必要ですわ。山上の垂訓が最も大切な本質だとおっしゃるかと思えば、いきなり額に汗して大地と取り組めと主張なさるのですもの。もっともそんな教えは福音書の中にはありませんわね。でも創世記の『産みの苦しみ』の部分（創世記三章一六節以降参照——訳者）には出てくるかもしれませんわ。だけど、これは教えなどじゃなくて、人間の悲惨な運命を説いたものですけど。

またある人達は一切を貧者に分け与えよと主張するかと思うと、ある方達は誰にも何も与えちゃならぬっておっしゃるのよ。金銭というものは悪だからですって。その方の言われるには、他人に悪をなすのは良くないことで、ただ自分と自分の家族だけにとどめておくべきだそうよ。他人のためにはただ労働あるのみだって言うのですわ。また、何もしないでひたすら思索に耽るっていう説もございますわ。女の勤めは健康な子供をたくさん産むことだって言うかと思えば、突然それはまったく間違っているとおっしゃる。それから、肉を食べちゃならない、これは第一段階だと主張なさるけど、それがなぜ第一段階なのか誰にもわかりませんのよ。禁酒禁煙でブリン（謝肉祭の主要食となっているパンケーキ——訳者）さえ駄目。

またある人達は軍事に反対しておられるわね。それは大きな不幸であって、キリスト教徒の義務はそれを拒絶することだそうですわね。兵役を拒否する人は聖者だとも主張しておられるわ。

私、馬鹿なことを喋っているかもしれませんけど、私のせいじゃないのよ。何が何だかさっぱりわかりませんのよ。

公爵　真の教えを解説したレジメが必要だとは私も思っております。現在それをつくっている最中らしいですよ。

婦人　じゃあそれが出来上がらない現在、私達に説明して下さいません？　あなたのお考えでは福音書の本質とは一体どの点にありますの？

公爵　悪に対して力で抵抗するなかれという偉大な原則の中にあるのは明らかだと思いますね。

政治家　だがそこからどうして煙草がでてくるのですかな？

公爵　煙草？　どんな煙草が？

政治家　おやおや！　私がお尋ねしたいのは、悪に対する無抵抗主義と煙草や酒や肉食や色欲を慎しめという要求との間にどのような関係があるのかということですよ。

公爵　関係は明白だと思いますよ。これらの悪習慣は全て、人間を愚昧にします。理性意識もしくは良心の諸要求はその中で掻き消されてしまうのです。だからこそ普通、戦《いくさ》へ赴く兵士らは酔払っているのですよ。

Z氏　とくに負け戦にかり出される兵士はね。だが、それはさておき、悪に対する無抵抗の法則というものそれ自体が重要なものなのでしょうか。そしてこの法則は諸々の禁欲的な要求を正当づけるものなのでしょうか。あなたのお説によりますと、私達が悪に対して力で抵抗しなければ悪というものは即座に消滅してゆくというのですね。つまり、悪は、私達が行使する抵抗手段もしくは抵抗力によって保持されているにすぎないのであって、悪固有の現実的な力などというものは有していないのですね。とすると、本質的には悪というものはまったく存在していないことになりますな。それはただ、悪ありと仮定し、この仮定に即して行動を始めようとする私達の誤った考えの結果生じてくるにすぎないのですね。そうでしょう?

公爵　まったくその通りですよ。

Z氏　だが、悪が現実に存在していないとしたら、歴史上におけるキリストの業《わざ》のあの驚くべき不首尾をあなたはどのように説明なさいます? そもそもあなたの見解によりますと、キリストのわざはまったくの失敗だったということになりますよ。したがってその業からは何も生じなかった、いずれにせよ、良いものよりは、悪いものの方がはるかにたくさん生じたということになりますよ。

公爵　そりゃ、またなぜです?

Z氏　奇妙なご質問ですな! おわかりにならないなら、順序だてて説明いたしましょう。あなたのご意見によりましても、キリストは誰よりもはっきりと、力強く、徹底的に、真の善を宣教したのでしょう。そうでしょう?

公爵　そうですよ。

Z氏　そして真の善というものは、悪に力で抵抗しないという点にあるのでしょう。しかも、真の悪はそもそも存在しないものなのだから、その悪は偽りの悪だということになりますね。

公爵　そのとおりです。

Z氏　キリストはただ宣教したばかりでなく、ご自身もこの善の要求を最後まで実行しつづけたのですね。そして何ら抵抗することなく苦悩に満ちた死刑というものをお受けになった。キリストは死に、そして甦らなかったとあなたはおっしゃいます。よろしいでしょう。そして何千人という彼の弟子たちも、キリストに倣って同じ目にあったのです。それもまたよろしいでしょう。さてあなたのお考えではこれら一切のことからどのような結果が生じるのでしょう？

公爵　これらの受難者達の頭上に天使らが輝かしい冠かなにかをかぶせ、その手柄の褒賞として天国の天幕小舎にでも住まわせてくれればよいとでもあなたは思っておいでなのですか？

Z氏　いいや、なぜまたそんなことをおっしゃるのですかな？　むろん私だってあなただって願っておりますよ。私達に身近かな者たちが、生者も死者も全ての人たちが、誰にもまして幸せになり、心の安らぎを得てくれることをね。でも、今は私達の願いなどを問題にしているのではありません。キリストおよびその弟子たちの宣教と偉業によって現実に何が起こったかをあなたにお尋ねしているのですよ。

公爵　誰の身に生じたことをお尋ねなのです？　彼らの身にですか？

Z氏　いや、彼らの身に生じたことならわかりきっておりますよ。それは苦痛に満ちた死です。彼らはもちろん自己の道徳的・精神的ヒロイズムによって自ら死に赴いてゆきました。でもそれは、輝しい冠を自分の身に受けるためではなく、他の人々、全ての人類に真の至福をもたらすためであったのです。そこで私はお尋ねしたいのです。彼らの殉教は、他の人々、全人類にどのような至福をもたらしたのですか？

殉教者の血は教会の種子だという古い格言があります。事実、そのとおりです。ところがあなた方の説によると、教会は真のキリスト教を歪め滅ぼしてしまったそうですな。そのため、キリスト教は人類にあってまったくといってよいほど、すっかり忘れ去られてさえしまったとおっしゃる。そして、一八世紀を経た今日、成功する見込みはないにせよ、最初からすべてやり直さなきゃならないと主張なさるのですな。つまりこのことはお先きまっ暗なのでしょう？

公爵　なぜお先きまっ暗なのですか？

Z氏　キリストおよび原初のキリスト教徒たちがこの事業に全身全霊を打ち込み、そのために自分の生命を捧げたことをあなたは否定なさらないでしょう。にもかかわらず、あなたのお考えのように、その結果が無にすぎないとしたら、いったいどんな根拠に基づいて他の成果など期待ができるのでしょう？　この事業の疑いもない不変の結末はたった一つしかありませんよ。それは、この事業を始めた人にとっても、これを歪め滅ぼした人にとっても、さらに再びこの事業を甦らせた人にとってもまったく同じ結末なのです。つまり、あなたの考え方に則るなら、それらの人々は過去に死んでしまったし、現在も死んでいるし、未来にも死ぬに違いないのです。善行にせよ、真理の宣教にせよ、そこからは過去、現在、未来に渡って死以外の何ものも生じないこととなってしまうのですよ。これはいったいどういうことです？ 何と変な話じゃありませんか。存在しているはずのない悪が常に勝利を得、だのに善はいつも無に帰してしまうのですよ。

婦人 でも悪人たちだって死ぬじゃありませんこと？

Z氏 まさにそのとおりです。でもそこで問題なのは、悪の力は死の王国によって確立されるのですが、逆に善の力というものはそれによって否定されてしまうのですよ。そして実際上、悪の方が善よりも明白に強大であるのです。この明白な事実を唯一の現実とみなすのなら、世界とは悪の原理のわざなのだと認めざるをえないのです。ところが、明々白々たるこの現実の上に立ち、悪は善よりも明らかに強いということを認めていながら、同時に、悪は存在していない、だからこれと闘う必要はないと主張している人達がいるのですよ！ 私にはこのことが理解できません。したがって公爵さんから教えていただこうと思いましてね。

政治家 まあ、まずあなたご自身からこの難問の突破口を示していただきたいものですな。

Z氏 簡単なことですよ。現実に悪は存在しているのです。それは、単なる善の欠如というようなものではないのです。存在のあらゆる分野で低次な性格のものが高次な性格のものに積極的に抵抗し、これを打ち負かしている、そのような現象の中に悪はレッキと存在しているのです。個人的な悪というものがあります。この悪は、人間の下等な面つまり家畜や野獣のような情欲が、精神のより良き志向に反旗を翻す、そのような形をとって現われます。そして大多数の人間はこの情欲によって打ち負かされてしまっているのです。また、社会的な悪というものもあります。これは個人的な悪に隷従している人々の群が、彼らを救おうとしている少数のより良き人々の努力に背を向け、その少数者を制圧してしまうという状態をとります。そして最後に、人間の肉体上の悪というものがあります。肉体の低次の物質的な諸要因が、これらの要因を見事な有機形態にまで高めているあの輝しい生命力に反抗し、この形態と闘い、それを破壊し、あらゆる高次なものの現実上の基盤を崩してしまう。これがその悪なのです。そしてこの悪は究極的な悪であり、死と呼ばれているものなのです。もし、この究極的な肉体上の悪の勝利が不変で絶対的なものであると認めねばならぬとすれば、個人の精神領域や社会分野で善がどのような束の間の勝利を収めようとも、これを本当の成功とはみなすことはできないのです。

実際に考えてみましょう。ある善人が——ソクラテスといたしましょう——自分の心の中の敵、つまり悪しき欲情に打ち勝っただけではなく、自分の社会的な敵を説得し匡正し、さらにギリシアの政治を改善できたといたしましょう。しかし、悪が存在の深層において、生の根源そのものを究極的に打ち負かしているとすれば、悪に対するこのような束の間の表面的な勝利などいったい何の役にたちましょうか？　匡正する人もされる人も皆最後には死ぬのです。ソクラテスの善が彼の心の中の悪しき欲情という精神的な細菌を打ち負かし、アテネの広場に巣食う社会的な細菌を退治したからといって、本当の勝利者が、肉体を崩壊させる最悪最低の粗暴な細菌であるのなら、いったいソクラテスの精神的・道徳的なこの勝利を高く評価などできましょうか？

この極端なペシミズムと絶望に対してはどのような倫理学も歯がたたないでしょう。

政治家　それはもうわかりましたよ。で、あなたなら何を支えとしてこの絶望に抗しますかな？

Z氏　私達の支えはただ一つです。つまり現実上での真の復活なのです。私達は知っております。善と悪との闘いが、ただ心の中や社会だけでなく、もっと根深い肉体の世界でも行なわれているということを。そしてこの世で、かつて、生命の善の原理が一個人の復活において勝利を収めたということを知っております。私達はこの勝利を願っているのです。つまり、未来において万民が共に一人残らず甦ることを待ち望んでいるのです。そしてこの時悪もまた、それが存在することの意味もしくは究極的な釈明を得るのです。すなわち悪は、善が偉大なる勝利を得、この世に実現され、また強化されることのためのみに役立っているのですよ。もし死というものが、限りある生命よりも強いものであるなら、永遠の生命への復活は、その両者よりもずっと強いものなのです。神の国とは、復活によって勝利を収める生命《いのち》の王国のことなのです。そしてこの王国の中には、現実の究極的な善が実現されているのです。この点にこそ、キリストのあらゆる力、あらゆるわざが存するのです。この点にこそ、私達に対するキリストの現実的な真の愛と、キリストに対する私達の愛があるのです。残りのその他のものはことごとく単なる条件であり道程、過程にすぎないのです。キリストが復活したという信仰がなければ、また未来に私達全てが甦るという期待がなければ、神の国というものなど単なる言葉上の空事にすぎないのです。そして事実上においては、ただ死の王国が出現してくるだけなのですよ。

公爵　なぜです？

Z氏　大体あなたは皆と一緒になって死の事実というものを認めております。つまり人は誰でも死んできたし、死んでいるし、これからも死ぬであろうということを認めております。しかもそればかりでなく、あなたはこの事実を、一つの例外もない絶対的な法則にまで高めてしまっているではありませんか。死が常に絶対法則としての力を有しているこの世界は、死の王国以外に何と呼んだらよいのです？　そしてあなたのおっしゃるこの世での神の国などというものは、死の王国を専横的に無駄に婉曲的に言い表わしたものでなくて、いったい何なのです？

政治家　私もそいつは無駄なことだと思いますな。既知数を未知数で置き替えることはできませんからな。そもそも神を見たものは一人もいませんぞ。また神の国とはどのようなものかを知っている者とて一人もいませんぞ。ところが私達は、人間や動物の死んでゆくのをこの目で見ているし、よく知っていますのじゃ。この世の最高権力である死というものから逃れうる者は一人もいませんのじゃ。なのになぜ、この既知数aを未知数xの類いのもので置き替えるのですかな？　こりゃ『幼なき者たち』を迷わせ混乱させるだけですな。

公爵　今何について話しがかわされているのか僕にはよくわかりませんね。もちろん死とはきわめて興味深い現象ですよ。おそらくそれを法則と呼ぶことができるでしょう。これは、地上の諸存在の不断の現象であり、それらの存在のうち一つとしてこれから逃れることのできるものはありませんからね。またこの『法則』を絶対的なものだと言うこともできましょう。今日に至るまで一つの例外も確証されてはおりませんからね。でも、このことが、真のキリストの教えにとってどのような本質的な緊迫した重要性を持ち得るのでしょうか？　その教えが僕達の良心を通して僕達に告げていることはただ一つのことだけなのです。つまり、今ここで僕達は何をなすべきであり、また何をしてはならないのかということだけなのです。明らかに、良心の声にとって関わりのあるのは、僕達が自分の権限内で何をなすべきか、あるいは何をなすべきではないかということだけなのですよ。だから良心は僕達に、死に関しては何も告げていないのだし、そればかりか告げることができないのです。僕達の世俗的な感情や願望にとっていかに大きな意味を持つにせよ、死というものは、僕達の意志ではどうにもならないものなのです。だから死は僕達にとって何ら道徳的な意味を有してはいないのです。この点では――いいえ、この点が今の時点では一番の眼目ですけど――死とは、たとえば悪天候と同様、僕達には関わりのない一事実にすぎないのです。僕は周期的に悪天候がやってくるのは仕方がないと思っています。そして多かれ少なかれそれに耐えておりますよ。だから神の国と言うかわりに、悪天候の国とでも呼んだらよろしいのでしょうかね？

Z氏　いいや、そのように呼ぶべきではありませんな。第一に悪い天気はペテルブルグだけを支配しているのであって、ほら私達はここ地中海にやってきて、その悪天候を嘲笑っているじゃありませんか。第二に、あなたの比喩は適切ではありませんな。悪い天候の時でも神をほめたたえ、また自分を天国にいると感じることができますからね。しかし聖書に書かれているように、死者は神をたたえることができません。だから、閣下がご指摘なされたように、この悲しむべき現世は、神の国と名づけるよりは、死者の王国と呼んだ方がふさわしいようですね。

婦人　なんです、あなた方呼び名がどうのこうのというお話ばかり。退屈ですわ。問題は呼び名なんかにあるのじゃないでしょう？　公爵さん、あなたご自身では神の国と神の義をどのようなものだと考えていらっしゃるの？　わかりやすく説明して下さいな。

公爵　人々が純粋な良心の声に従って行動し、そのことで、ただ純粋な善のみを命令なさる神の意志を実行する、そのような人間の状態のことだと思っております。

Z氏　だがあなたのご高説によりますと、その折り良心の声が告げるのは、今ここでなさねばならぬことだけに限られるというのでしょう。

公爵　もちろんです。

Z氏　それじゃ、あなたの良心は、たとえばあなたの少年時代、既に故人になっている人々に対して行なった不当行為に関しては、口を閉ざしているのですかな？

公爵　そのようなことを現在絶対に繰返してはならぬという点にこれらのことを思い出す意味があるのです。

Z氏　いや、それはまったく間違っておりますよ。だがこのことは言い争うほどのことじゃありません。それより私は、他のもっと明白な良心の限界性というものをあなたに思いだしていただきたいのです。すでに昔、モラリスト達は良心の声というものを守護神もしくは運命神にたとえておりまず。そしてその守護神はソクラテスにつきまとい、彼に不当な行為をさせないようにしてはいたが、何をなさねばならぬかを積極的に彼に指示することはしなかったのだと言っております。良心に関してもこれとまったく同じことが言えるのです。

公爵　そのようなことがあるものですか。たとえば私の近親者が助けや救いを求めている時、良心は私に向かって彼を助けよと命じるではありませんか？

Z氏　あなたの口からこのことを伺うことができて大変愉快です。でも、そのような場合をもっとよく検討してみますと、この場合でも良心の果たす役割はきわめてネガティヴなものであることに気づかれるでしょう。良心は、助けを求めている近親者を前にして、手をこまねいて、あるいは冷淡にそ知らぬ顔をしていてはならぬということだけをあなたに求めているのですよ。この近親者のために何をしなくてはならないかということに関しては良心は何も語らないのです。

公爵　それはそのとおりです。このことは状況の如何、援助すべき近親者や僕自身の状態の如何に依存しておりますからね。

Z氏　もちろんですよ。しかしそれらの状況や状態を判断し評価するのは良心の仕事ではなく、知恵の仕事なのです。

公爵　でもいったい、理性と良心を分離することができますか？

Z氏　分離する必要はありませんが、区別はせねばなりません。実際には時として、知恵と良心が分離してしまうことがあるのですし、それぱかりか対立することだってあるのですからね。もしこの二つのものが同じものだったら、知恵が、道徳と無関係なことに仕えたり、さらにはそればかりかまったく非道徳的なことに役立ったりするはずがありません。ところがこういうことはままあることなのです。たとえば、何か詐欺の類いのことや、あるいは他の悪事を首尾よくなしとげるために、私の共犯者を使って、ある困窮している人にご馳走したり酒をふるまったり、あるいはいろいろな恩恵に与からせたりするとしましょう。この時このような援助は知恵を働かせることによって与えることのできるものではありますが、良心には反した行ないなのです。

公爵　それはわかりきったことです。でもいったいあなたはこのことからどんな結論を出すおつもりなのですか？

Z氏　つまり、警告者および叱責者としての良心の声というものは、きわめて重要な価値を有しているものではありますが、私達の行動に対して実質的でポジティヴな一定の指示を与えることはできないのです。そして私達の良き意志には、それに仕える道具としての知恵が必要なのです。ところが一方知恵というものは、良心にとっては、はなはだ疑わしいたよりのないものなのです。知恵は、善と悪という二人の主人に等しく仕えうるものですし、たえず仕えようとしているのですからね。だとすれば、つまり、神の意志を実行し、神の国を成就するためには、良心と知恵のほかに、何か第三のものが必要だということになります。

公爵　あなたのお考えでは、それは何だと思われますか？

Z氏　一言で申せば、善の感奮なのです。あるいは、善の原理そのものが私達の上および私達の中に直接ポジティヴに働きかけることなのです。天からのこのような働きかけがあってはじめて、知恵も良心も善そのものの頼もしい助け手となるのです。そして道徳というものは、たえず疑いのつきまとう『善行』などの代わりに、善そのものの中の生命と化し、人間全体を――つまり内的な人間と外的な人間、個人と社会、民衆と人類とを――有機的に成長させ、完成させるものとなるのです。そしてこの時、愛に満たされ新しい天と結びついた新しい地がこの世に訪れ、この真の永遠の神の国の中で、甦らされた過去と成就された未来とがいきいきとした統一を成し遂げるに至るのです。

公爵　このような詩的な比喩に別に異存はありません。でも、福音書の戒めに従い神の意志を実行している人々に、いわゆるこの『善の感奮』が欠けているとお考えになられるのはなぜですか？

Z氏　それは、そのような人々の活動の中に、この感奮の兆しが見られず、また自由で計りしれない愛のほとばしりがうかがわれないからですよ。――そもそも神は無限に豊かな霊を授けて下さるのです――また、彼らの中には、たとえ初歩的なものにせよこれらの賜物を与えられたという喜悦に満ちた柔和な平安が見られないのです。

だが、あなたにこの宗教的な感奮が欠けていると私が思う、その一番の原因は、あなたご自身がそんな感奮など必要ないと主張なさっておられるからなのですよ。もし、『規則』を遵守することだけが善であるのなら、そこには霊的な感奮など介入する余地がありましょうか？　『規則』

とはかつて恒久的に与えられたものであり、したがって万民にとって一定で一様のものである。この規則を与えてくれた人はずっと以前に死んでしまい、復活などはしなかった。したがって彼は私達にとって個人としての生きている存在性を有していない。そのようにあなたはお考えなのです。

そもそもあなたにとって、絶対的で根源的な善というものは、あなたの中で直接輝き呼吸している光と霊の父などではないのです。その善は、自分のぶどう園の仕事にあなたを雇人として派遣しながら、自分はどこか外国に住んで、そこから自分の収入を得るためにあなたの許に人を遣わしてくる勘定高い主人なのですよ。

公爵　僕達はどうも勝手気儘な解釈をしているようですよ！

Z氏　いや、そんなことはありませんよ。でも、あなたは、ある勝手なやり方で、人間と神との関係の至高の規範というものを自分勝手につくりあげておられます。福音書からその精髄を専断的に削除なさっておられますよ。つまり愛子とその後継者が誰であるかという指示をね。ところがこの指示の中にこそ神人的関係の真の規範が息づいているのです。あなたにとって大切なのは、主人および主人への義務、さらに主人の意志なのです。でも私はこの点であえて申します。つまり、あなたの主人があなたに義務だけを負わせ、あなたに対して主人自身の意志のみを実行するようにと要求しているのであれば、あなたはこの者が僭称者ではない正真正銘の主人だということをどのように証明なさるのでしょう。私にはわかりませんな。

公爵　こりゃまた奇抜なお尋ねですね！　私は、主人の要求がただ純粋な善のみを現わすものであるということを、良心と理性によってよく存じておりますよ。

Z氏　失礼ながら私の申しておるのはそのようなことではありません。主人があなたに善を要求しているかどうかなどということをお尋ねしているのではありません。でもたとえ善を要求しているからといって、その者自身が善き者だと言い得ましょうか？

公爵　そりゃまたどうしてです？

Z氏　こりゃまた妙なことを！　私は常々考えておりますよ。たとえ誰の性格であろうとも良き性格というものは、その人が他人に何を要求するかということによってではなく、その人自身が何をなすかということによって証明されるのだと。明白な歴史上の実例を示しましょう。モスクワ王イヴァン四世はある手紙の中でアンドレイ・クルプスキイ公に対して次のような要求をしています。つまり公が悪に抵抗することをやめ、正義のための殉教の死を従順に受け、そのことによって偉大な善、至高の道徳的・精神的なヒロイズムを世に示すようにと。主人のこの意志は、他者に対する要求事項という面より見れば善き意志ですよ。しかしだからといって、そのような善を要求した主人そのものが善人であったということにはまったくならないのです。正義に殉じて死ぬことが道徳的・精神的に見て至高の善事であるとしても、イヴァン四世が善人であるとは決して言えないのは明らかです。彼こそ、殉教者どころか、迫害者にはほかならなかったからですよ（クルブスキイ公は、イヴァン雷帝の圧政に対し臣下にありながら反抗の狼火をあげた

――訳者）。

公爵　このことからあなたは何をおっしゃりたいのです？

Z氏　あなたの主人の性格が善であるということを、その労働者たちに向けられた命令のことばにおいてではなく、この主人自身のわざという点で証明して下さらぬ限り、私は次のような確信を抱きつづけますよ。すなわち、他人には善を要求するが、本人は何らの善もなさず、また他者に義務は負わしはするが、何らの愛も示さず、あなたの眼前には姿を見せず、どこか外国に住んでいるはるか遠方のあなたの主人――この人こそ incognito（匿名者）、現世の神にほかならぬと……

将軍　そら、忌わしい匿名《インコグニト》の奴が出てきたぞ！

婦人　もう、おっしゃらないで！　恐いわ！　くわばらくわばら！（十字を切る）

公爵　もっと以前にこんなことだろうと気づくべきでしたよ。

Z氏　公爵さん、あなたはまったくの思い違いから狡猾な僭称者を真の神だと思いこんだのでしょう。そのことを私は信じますよ。僭称者が狡猾なので、あなたが過ちにとらわれたのも無理はないと思います。私自身も、どの点に問題が潜んでいるのかすぐには解けませんでしたよ。でも今はまったく疑いの余地がありません。あなただってわかって下さるでしょう。欺瞞と誘惑に満たされた善の仮面であると、私がみなしているものに対して、どんな感情を抱かざるをえないかを……

婦人　あなた、なんてことをおっしゃるの、ひどいですわよ！

公爵　大丈夫、僕は少しも気分など害されませんよ。ここに提起されたのは、一般的でかなり興味深い問題です。でも、奇妙なことにZさんはこの問題が僕だけに向けられているものであって、Zさん自身には関係のないことだとお考えのようですね。あなたは僕に対し、僕の主人独自の善行を示し、そのことで彼が悪ではなく善の原理であるということを証明せよと要求なさいます。でもその前に、僕の主人には見られぬようなあなたのご主人の善行をお示しいただけませんか？

将軍　すでに一つのあるわざが示されとるじゃないか。他の残りの行ないは全てこのわざによって支えられるのだ。

公爵　それは何なのです？

Z氏　現実的な真の復活によって悪が実際に打ち負かされたという事実なのです。繰り返しますけれど、このことによってはじめて現実に神の国が開かれはじめたのですよ。この事実がなければ、ただ死と罪、ならびにそれらの創造者である悪魔の王国しか存在しないのです。比喩的な意味ではなく、真の意味での復活というもの——これこそ真の神を証明するものなのです。

公爵　そのような神話をお信じになるのは、あなたのご自由です！　でも私があなたにお尋ねしているのは、立証できる事実であって、あなたの信仰などではないのですよ。

Z氏　冷静になって下さい。公爵さん！　私達は、ある種の信仰、あるいはお望みなら神話から論を発しているのですよ。ただ私は最後まで純然とその信仰を貫きとおしております。でもあなたは論理に反し、勝手にその出発点で歩みを止めてしまわれたのです。あなたはこの世に善の力が存在し、未来においてそれが勝利を収めるということをお認めになるのでしょう？

公爵　認めますとも。

Z氏　ではこれはいったい何ですかな。事実ですか。それとも信仰ですか？

公爵　理性的な信仰ですよ。

Z氏　もう少し考えてみましょう。ゼミナールで教えられたとおり、理性というものは、いずれにせよ、確実な根拠のないものを絶対に認めるなかれと要求しております。そこで是非教えていただきたいのです。あなたは、善の力というものを人間および人類の道徳的・精神的な匡正ならびに完成にとって不可欠なものだと認めておられる。それでいながら善が死に対して無力だということにうなずかれるのはいったいどのような確実な根拠に基づかれてのことでしょうか？

公爵　ところが僕は、なぜあなたが、道徳の範疇外でも善は何らかの力を有しているなどと考えておられるのか説明していただく必要があると思っているのですよ。

Z氏　では私の方から説明いたしましょう。私は、善と善の固有の力を信じています。そしてこの力の概念そのものから、それが本質的絶対的に優れているということを確信しております。ですから私はこの力が無限であるということを論理的に認めます。歴史上において証明ずみのこの復活の真実性を私に疑わしめるものは何もないのです。もっともあなたが最初から、キリスト教信仰などとは無縁で、その信仰の対象などあなたには神話にすぎないものだと遠慮なくおっしゃってくださったら、私だってもちろん、あなたの思考形式に対してあのような露わな敵意を示すことはなかったでしょう。そもそも迷妄とか過ちとかいうものは偽善ではありませんし、その人が理論的に過っているからといって、ある人に敵意を抱くのは自分の知恵があまりに浅く、自分の信仰があまりに弱く、また心があまりに狭量だということを標榜しているようなものですからね。

　真の信仰を持ち、それによってこれらのいらざる愚昧、狭量、冷酷さから解放されている人は誰でも――宗教的真理のあからさまで極端な敵対者、つまり正直な敵対者、ならびに否定者に心からの好意をもって接しざるをえないものなのです。そもそもこのような敵対者は現代ではごく稀にしか見ることができません。キリスト教に対してあからさまな敵意を抱いている人々を私がどれほどの満足感をもって見つめているか、とうていお伝えすることはできないほどです。私は、このような人々が、将来には残らず使徒パウロのようになるだろうと思っているのですよ。ところが不本意ながら、キリスト教の熱心な信者の中にこそ裏切者のユダが潜んでいるようなのです。でも、公爵さん、あなたはご自身の見解を忌憚なく述べて下さいました。ですから私はあなたを今日無数に見られるあのユダとユダヤ人の仲間だとは決して思いませんよ。そして、おそらくもうじき多くの公然たる無神論者や非キリスト教徒たちによって私の心中に呼び起こされているあの好意をあなたに対して感じるようになるでしょう。

政治家　その無神論者や非キリスト者、あるいはこの公爵殿のような『真のキリスト教徒』が反キリストではないということが幸いにも判明した今となっては、さて、正真正銘の反キリストのポートレートを見せて下さる時がついにきたというわけですな。

Z氏　何ですか、あなた方はそんなことをご期待なさっていらっしゃったのですか！　でも、天才画家が描いた数多のキリスト肖像画のうち一つでもお気に召すようなものがありますかな？　私は、本当に気に入ったという絵を今までに一つも見たことがないのです。そのようなものはありえないと思いますよ。キリストは、その本質つまり善の、唯一の個的な具現であり、したがって他の人間などとは似ても似つかぬものなのですからね。いかなる芸術的な才能をもってしても、これを完全に描き出すことはできません。しかし、まさにまったく同じことが反キリストについても言えるはずなのです。つまり反キリストとは悪の、唯一の個的な具現であり、またその悪が完成され充足されたものなのです。いかなるポートレートといえども、こいつを示すことはできません。教会の文献の中に、一般的な特徴や個性的な特徴を記した身分証を見つけだすことならできますがね……

婦人　真っ平ですわ！　反キリストのポートレートなど要りませんわよ。でも、なぜ彼は必要なのか、彼のわざの本質はどの点にあるのか、彼はすぐにやってくるのかどうか、あなたのお考えをできるだけ詳しく話して下さいませんこと？

Z氏　ああ、それならば、あなたが考えておられる以上に、十分満足していただけると思いますよ。神学校時代の同僚で、後に剃髪して修道士になったある男が、数年前臨終の際に自筆の原稿を遺言として私に残してくれました。それは彼がとても大切にしていたもので、出版することを望まず、またできもしなかったものなのです。『反キリストに関する短編物語』という題ですよ。架空の形式、もしくは予想上の歴史的場面をかりてはいますが、私の見るところ、この作品は聖書や教会伝承、さらには常識の上からも、この種の問題を論じたものとしては最も信憑性の高いものだと思われますよ。

政治家　そいつは例のヴァルソノフィイの手になるものですかな？

Z氏　いいえ、もう少し凝った名前の男です。パンソフィイ（汎神智とでもいう意か――訳者）というのです。

政治家　パンソフィイ？　ポーランド人ですかな？

Z氏　とんでもありません。レッキとしたロシアの聖職階級の出ですよ。ちょっと私は、部屋まで行ってまいります。その原稿をとってきて、お読みしますから、それは長いものじゃありません。

婦人　いってらっしゃいましな！　ただ行ったきりにならないでね。

　Z氏が自室に原稿を取りに戻っている間、話仲間たちは席から立って庭をそぞろ歩いていた。

政治家　どうもよくわからんのですよ。私の視力がぼんやりとしてきたのは、齢のせいでしょうかな、それとも自然界に何かが生じておるのでしょうかな？　ただ気づいておるんですが、昔は年中見られたあの晴れ渡った輝くような日というものが、どんな季節になっても、どこへ行ってもまったく見られなくなってしまいましたな。たとえば今日だってそうですよ。雲一つなく、海からだってかなり離れているのに、やはり何か薄いつかまえようのないものが覆いかぶさっているような気がしますよ。ともかく完全な晴天とは言いがたいです。将軍殿、あなたはお気づきですかな？

将軍　わしはもうここ数年来そいつに気がついておる。

婦人　私も去年から気づき始めましたわ。でもそれは外の空気の中ばかりでなく、心の中でも言えることですのよ。あなたのおっしゃるとおり、心の中も『晴れ渡った』ことがないのですわ。いつも何か不安のようなものや不吉な予感のようなものがたちこめていますのよ。公爵さん、きっとあなたも同じことを感じていらっしゃるでしょう。

公爵　いいえ、僕は何も特別そんなものには気がつきませんね。空気はいつものとおりですし。

将軍　あなたは、そんな違いに気づくには若すぎるのさ。比較する目安をお持ちじゃないですからな。だが五〇を過ぎれば、そいつを感じるようになるさ。

公爵　僕には最初の推定の方が正しいように思われますよ。つまりそれは視力減退現象ですよ。

政治家　私達が年老いていることは疑いありませんが、地球だとてやはり若くありませんぞ。どことなく両方とも疲れきってしまっているような気がします。

将軍　こりゃ悪魔の奴がその尻尾で神の世界に霧をふりかけとるのさ。そう考えた方がもっと確かのようだ。そしてこいつは反キリストの徴候でもある！

婦人　（テラスからおりてくるZ氏を指さしながら）そのことなら、何かこれからわかるでしょうよ。

皆、もとの席に腰かけた。そしてZ氏はもってきた原稿を読みはじめた。

反キリストに関する短篇物語

「反キリストに関する短篇物語」は改訳新版を収録致しました

汎蒙古主義！　その名は粗野なれど、
その響き、われには甘美、
あたかも御神の大いなるさだめの預言に
みたされているかのようで……（↓二五三頁＊参照）

貴婦人　このエピグラムはどこから引用したのでしょう？

Z氏　物語の作者自身の手によるものと思われます。

貴婦人　ではお読みくださいな。

Z氏　（読み始める）

紀元二〇世紀は、最後の大戦争、内乱、革命の世紀であった。対外戦争のうちで最大のものは、すでに前世紀末に日本で発生した汎蒙古主義という精神運動を遠因としているものだった。模倣の才に長けた日本人たちは、驚くべき早さで巧みにヨーロッパ文化の物質面の諸形態を受容し、また若干の低次のヨーロッパ思想をも自家薬籠中のものとした。彼らは新聞や歴史の教科書で、西欧に汎ヘレニズム、汎ゲルマン主義、汎スラヴ主義、汎イスラム主義があることを知って、汎蒙古主義という大理念を唱道した、すなわち自分たちの主導下に東アジアの全国民が一丸となって結集し、よそ者つまりヨーロッパ人に決戦を挑むよう提唱したのだ。二〇世紀初頭ヨーロッパがイスラム世界との最後の決戦に忙殺されていた機を利用し、日本人たちはこの大計画の実現に向け着手し、――まず朝鮮を、ついで北京をも占領し、この地で中国進歩党の協力を得て旧満州王朝（清朝―訳者）を打倒し、代わりに日本王朝を据えた。中国保守派の人々もまもなくこれを甘受した。彼らは、二つの悪のうち、より小さい悪を選ぶ方がましであり、何といっても身内は身内だと悟ったのだ。いずれにせよ旧中国の国家としての独立は保持できるはずがなく、ヨーロッパ人か日本人かのいずれかに従属せざるをえなかった。けれどもはっきりしていたのは、日本人が支配しても、当時明らかに無用の長物化していた中国国家の外面的な諸形態を撤廃はしても、民族のいとなみの内的原理は侵害しないのに対し、中国のもっとも深い精神的な基盤が脅かされるということであった。ヨーロッパ列強の力が増せば、政策上キリスト教宣教師たちを援助していたヨーロッパ人の力が増せば、ヨーロッパ人の民族的憎悪は、この両者がヨーロッパ人を知らなかった時には増幅したが、ヨーロッパ人を面前にしては親近二民族のこの敵意は内輪争いと化し意味を失っていった。日本人に対する中国人の以前の民族的憎悪は、この両者がヨーロッパ人を知らなかった時には増幅したが、ヨーロッパ人を面前にしては親近二民族のこの敵意は内輪争いと化し意味を失っていった。ヨーロッパ人は赤の他人、ひたすら敵であって、彼らが力を増せば民族的自尊心は傷つけられるだけだった。ところが中国人は日本人の掌中に汎蒙古主義という甘い餌を見つけ、それは同時に、外面的西欧化の避けられえぬみじめな結末をもまざまざと証明していた。日本人たちはくり返し言うのだった。「わかってくれ、片意地な兄弟よ。我々が西欧の犬畜生めらからその武器を得るのは、武器に執着があるからではなく、その同じ武器で奴らを撃つためなのだ。もしあんたらが我々と手を結び、我々の実践指導を受けるなら、我々はすぐさまこの白い悪魔をわがアジアより追い出すばかりでなく、奴ら自身の国をも勝ちとって、全世界を支配する真の中華王国を築こう。あんたたちが自分らの民族的な誇りをもち、ヨーロッパ人たちを軽蔑しているのは正しいが、あんたたちはこの感情を、理性的な活動へと高めず、ただいたずらに夢想にとどめているにすぎない。この理性的な活動という点で我々はあんたたちに先んじており、だから共通の利益の道をあんた方に示さねばならないのだ。さもなくば自分の目で確かめたまえ、あんたたちの当然の友であり庇護者である我々に対して不信を抱いた自信過剰の政策が、あんたたちに何を与えたのかを。ロシアとイギリス、ドイツとフランスは、自分たちのあいだであんたたちの国を余すところなく分割してしまい、あんたたちの意気揚揚たる企ては竜頭蛇尾に終わってしまったではないか」。分別のある中国人たちはこれを道理とし、日本王朝はここに確固とした礎を築いた。

この王朝が最初に心掛けたのは、むろん強大な陸海軍の創設であった。日本の軍事力の大半が中国に移され、そこが新しい巨大な陸軍の正規中枢軍となった。中国語に堪能な日本人将校たちは、駆逐されたヨーロッパ人たちよりもはるかに上首尾に教官として働いたし、満州、蒙古、チベットを含む中国の無数の住民たちの中には、十分に役立つ戦闘力が発見された。はやくも日本朝廷出身の初代中国皇帝は、インドシナ全土を中華帝国に併合し、新帝国の軍備を巧みに駆使し、トンキンとシャムからフランス人を、ビルマからイギリス人を放逐した。彼の継承者は母方が中国人で、中国的な狡知と柔軟性にくわえ、日本的な精力性、敏捷、進取の気を兼ね備えていたが、中国領トルキスタンに四〇〇万の軍隊を動員、そしてこの軍隊はインドを攻略するため配備されたとの内報がツン・リ・ヤムィンからロシア大使に届いたまさにその時、中国皇帝はわが中央アジアに進軍し、当地の全住民を蜂起させ、急遽動員されたロシア軍がポーランド、リトアニア、キエフ、ヴォルィニ、ペテルブルグ、フィンランドから漸次駆けつけたにもかかわらず、迅速にウラルを越えて進撃し、ロシアの東部と中部の全土に自軍を氾濫させた。戦争の予備計画ができておらず、また敵の員数が圧倒的に優勢のため、ロシア軍はその勇猛さにもかかわらず、いたずらに名誉の戦死者の数を増すばかりであった。襲撃があまりに急速なため、必要な結集を行なう暇もなく、軍団は熾烈で絶望的な戦闘のすえ、次から次へと壊滅してゆく。蒙古人たちにもこの戦いは安くはつかなかったが、以前より満州国境に集結していた二〇万のロシア軍がその堅固な守備に阻まれ中国侵入に失敗するや、アジアのすべての鉄道網を占領して、その損害を容易に埋め合わせた。中国皇帝は、敵の新たな軍隊編成を防ぎ、また増大したパルチザン部隊を追撃するために軍勢の一部をロシアに残し、三軍を率いドイツ国境へ移動する。ここではすでに迎撃準備が整っており、蒙古軍の一隊を壊滅させた。ところがこのときフランスでは時代遅れの対ドイツ報復党が政権を掌握し、まもなくドイツ軍の背後に一〇〇万の敵の銃剣が出現するにおよぶ。四面楚歌のドイツ軍は、中国皇帝の提案した武装解除という面子のたつ条約をのむことを余儀なくされる。欣喜したフランス人たちは、黄色人と手を結び、ドイツ中に侵入し、まもなく軍規などすっかり廃れてしまう。中国皇帝は今や用済みの同盟者たちの皆殺しを軍隊に命じ、これは中国式に規則正しく実行される。パリでは sans patrie（無国籍者）の労働者たちの蜂起が起こり、西洋文化の都は東洋の支配者に嬉々としてその門を開く。好奇心を満たした中国皇帝はブローニュ沿岸に向け出発するが、そこには大英帝国に軍隊を派遣するための輸送船団が、太平洋から来た戦艦に護られて待機していたのである。しかし皇帝には資金が必要であり、そこでイギリス人たちは一〇億ポンドで自由を購った。一年後にはヨーロッパの国家は残らず中国皇帝に臣従の誓いをし、そこで彼は相当数の占領軍を欧州に残して東洋へと帰還し、今度はアメリカとオーストラリア遠征に着手しはじめる。

半世紀の間、ヨーロッパに新しい蒙古羈《き》絆《はん》がつづく。内面的には、この時代はヨーロッパ理念と東洋理念がいたるところで混淆し、深く浸透しあい、古代アレクサンドリアの混合主義が **en grand**（大規模に）くり返された。生活の実際面では次の三つの現象が最大の特徴となっている。ヨーロッパ全土に中国と日本の労働者が大量に押し寄せた結果生じた、社会的経済的問題の著しい先鋭化。支配階級側が続行しているこの問題解決のための一連の弥《び》縫《ほうさく》策。そして、蒙古人追放とヨーロッパの独立の回復をめざす広範な全ヨーロッパ的陰謀を企てている秘密社会組織の、伸展する国際的活動。地方の国民政府も参加したこの大規模な陰謀は、中国皇帝代理政府の統制下にもかかわらず、可能な限り巧妙に準備され、輝かしい成果をおさめたのである。

定められた日時に、蒙古兵殺害とアジア人労働者に対する迫害と追放が開始された。ヨーロッパ軍の諜報兵が全地域に出現し、かねてより作成済みの綿密な計画にのっとり全土にわたる動員がなされた。偉大な征服者の孫にあたる新しい中国皇帝は急遽中国からロシアに駆けつけたが、この地で彼の雲霞のごとき大軍は全ヨーロッパ軍によって完膚なきまでに粉砕された。追い散らされた残りの軍はアジアの奥深くに逃げ戻り、ヨーロッパは解放されてゆく。半世紀にわたるアジアの蛮族への服従が、個々の民族的私利しか考えなかった国家間の分裂の結果生じたとすれば、偉大にして光栄あるこの解放は、全ヨーロッパ住民の団結力を国際的に組織することによって成し遂げられたのである。この明白な事実の当然の結果として、個々の国家の古い伝統的機構はどこでもその意義を失ってゆき、またほとんどの所で旧い君主制の最後の名残が消えていった。

二一世紀のヨーロッパは、多かれ少なかれ民主主義国家同盟、すなわちヨーロッパ連邦なのである。蒙古襲来と解放戦争のためいくらか遅れていた物質文化は、再び急速な進歩を遂げはじめた。一方、内的意識の問題——生と死、世界ならびに人間の最終的な運命に関する問題は、新しい生理学や心理学上の研究や発見によって複雑で錯綜したものとなりはしたが、依然として解決されてはいない。ただ一つ明白になっているのは、理論的な唯物論が決定的に崩壊したという重要な否定的結果である。跳躍する原子の組織に関するものとしての宇宙観念、物体のごく微細な変化の機械的集積の結果としての生命観念——このような考えにはもはや一人の思想家も満足はしない。哲学的幼児期にあたるこの段階を人類は永遠に乗り越えたのだ。しかし、人類が素朴で本能的な信仰という幼い能力をも凌駕したことも、また他面では明白になっている。無から世界を創造した神等々というような考えは、もはや小学校でさえ教えるのをやめている。この種のテーマに関してはある共通の高水準の観念が編み出され、いかなるドグマチズムもこの水準よりも低いものとなることはできない。思想家の大半は完全に無信仰のままなのだが、一方少数の信仰者は全員が必然的に思想家にもなり、聖使徒の「知恵においては幼な子となるなかれ、心においては赤子となれ」（コリント人への第一の手紙一四章二〇節の改作?―訳者）との命令を実行している。

当時、少数の信仰をもった唯心論者のあいだに、衆に穎脱《えいだつ》した一人の人物が現われ――多くの者は彼を超人と呼んでいた――、彼は知恵においても心においても、ひとしく幼な子からかけ離れていた。まだ若かったが、卓越した天稟ゆえに、三三歳までに偉大な思想家、作家、社会活動家として広くその名を轟かせた。自分自身の中に偉大な霊の力を自覚している彼は、つねに自信に満ちた唯心論者であり、その明晰な知恵はたえず彼に、信じねばならぬ真理、すなわち善、神、メシアを指し示していた。彼はこの真理を信じていたが、愛していたのはただ自分だけであった。神を信じていたが、心の底では本能的に無意識裡に神より自分の方を重んじていた。彼は善を信じていたが、すべてを見透す永遠者の目には分っていた、この男は、心の欺瞞、劣情、権力の甘い好餌によらなくとも、ただ際限のないその自尊心を利用して買収しさえすれば、悪の力に跪くであろうと。しかしながら、この自尊心は本能的な衝動でも無知な欲望でもなかった。ぬきんでた天稟、美貌、高貴さ以外にも、自制、無欲、活動的な慈善といった性格の最大限の発揮が、この偉大な唯心論者、禁欲主義者、博愛家の人並み外れた自尊心を一見正当なものにみせていた。そして、あまりに神の賜物に恵まれすぎていると云っていかに彼を咎めようと、彼はその天稟のうちに天から彼に与えられた特別の恩寵のしるしを見て、自分を神に次ぐもの、出自の点では神の一人子であると考えた。一言で云うと、彼は、自分を実際にキリストであるとみなしたのだ。ところが、自分の至高の価値に対するこの自覚は、実際には彼のなかでは、神と世界に対する道徳的義務としてではなく、他の人々や、何よりもキリストに比する自分の優越性と特権として定着した。彼は最初はイエスにも敵意は抱いていなかった。イエスのメシア的使命と価値を認めていたが、しかし彼はイエスを最も偉大な自分の先駆者にすぎぬと本気でみなしていた——自尊心でくもらされた彼の知恵では、キリストの道徳的苦行とその絶対的唯一性が解らなかったのだ。彼は次のように判断していた。「キリストは自分よりも前にやってきた。私は二番目だ。しかしそもそも時間において後に登場するものこそが、本質的にはより一義的なものなのだ。私は歴史の終わりに最後の者として来ている。なぜなら私は完全なる最終的な救世主なのだから。あのキリストは私の先触れなのだ。彼の使命は私の出現を予告し準備することだったのだ」。そして二一世紀のこの偉人は、この考えで福音書の再臨の記事をすべて自分に適用し、この降臨はあのキリストの再来ではなく、先駆者のキリストに最後のキリストつまり彼自身が入れ替わることなのだと説明するであろう。

この段階では、この未来人はまだそれほど異色で独創的なものを示しているわけではない。キリストと自分との関係を同じように見た者にたとえばマホメットがいるが、彼は誠実な人で悪企みという点ではいささかも非難できない。

一方この男においては、キリストより自分の方が勝れているという自尊心が、さらに次のような考えによって正当化されることとなろう。「キリストは宣教し、その生涯に道徳的善をあらわすことで、人類の矯正者となったが、私は、矯正された人類も矯正されない人類も、どちらの部分にとっても施恩者として召命されているのだ。私は万民に必要なものすべてを与えよう。キリストは、モラリストとして人々を善と悪とに分けたが、私は善人にも悪人にもひとしく必要な恵みを授け、両者を一つにしよう。神は善人の上にも悪人の上にも太陽を昇らせ、義人の上にも邪まな人の上にもひとしく雨を降らせる。その神の真の代理人に私はなろう。キリストは剣をもたらしたが、私は平和をもたらそう。彼は最後の審判によって世を威嚇した。しかしこの私が最後の審判官となろう。そして私の裁きは単なる正義の裁きではなく、憐れみの裁きともなるだろう。私の裁きには正義もあるだろうが、それは報復するための正義ではなく、分配するための正義なのだ。私は万民を識別し、一人ひとりに彼が必要とするものを与えよう」。

しごく素晴らしい気分で彼は、人類の新たな救済の事業へと彼を呼び寄せるはっきりとした神の声の類を、自分が神の長子、いとし子であるという明白で驚嘆すべき証拠の類を待ち望む。待ち望みつつ彼は、自分の超人的な美徳と天稟を——これこそ、いわゆる道徳的に無欠で並外れた才をもった人だと——意識することで、そのエゴイズムを培ってゆく。

この傲慢な義人は、人類の救済を始めるための天からの裁可を待っている——そして待ちきれない。彼はすでに三〇の峠を越え、さらに三年が過ぎようとしている。そして突然次のような考えが脳裏に閃き、熱い戦慄となって骨の髄まで刺し貫く。「だがもしも？……ひょっとして私ではなく、あの……あのガリラヤ人が……ひょっとして彼は私の先触れではなく、正真正銘の、最初にして最後の人なのか？　だがそれなら彼は生き続けてなきゃならないはずだ……彼はいったいどこだ？　……ひょっとして彼が私のところに……今、ここに……来るとしたら……私は彼に何と言おう？　私は、最後の愚かなクリスチャンとして彼の前に跪き、ロシアの百姓のように何か無意味にもぐもぐ言わねばならぬだろう、主よ、イエス・キリストよ、罪深きわれを憐れみたまえと――それともポーランドの老婆のように這いつくばらねばならぬのか？　いや、私は輝かしい大天才だ、超人だ、いやだ、絶対にいやだ！」そしてこの時、神とキリストに対する以前の冷静で理性的な尊敬の気持に代わって、その心の中に、まず何ともいえぬ恐怖が、ついで全身をギュッと締めつけるような灼熱した嫉妬と魂を握り掴むような凶暴な憎悪が兆し募ってくる。「私だ、奴でなく私なのだ。奴は生きちゃいない、今も将来も生きちゃいない。復活せざりき、復活せざりき、復活せざりき！　朽ちた。墓の中で朽ちた、そのまま朽ち果てた……」。

そして、口から泡をふき、ひきつけたように跳ね、家から庭からとび出して、森閑とした闇い夜のなか、岩道を走ってゆく……凶暴な心は鎮まり、代わってこの岩のように乾いて重く、この夜のように陰鬱な絶望が彼をとらえた。彼は絶壁の縁にたたずみ、遥か下方、岩にぶつかる激流の暗い響きに耳を傾けた。耐えがたい憂愁が彼の胸を締めつけた。突然心の中で何かが揺らいだ。「あの人を呼び求め、どうしたらよいか訊ねるべきか？」闇のなかに柔和で悲しげな像が浮かんだ。「あの人は私を憐れんでいる……いや、断じて違う！　彼は甦らなかった、復活しなかった！」そして、彼は断崖から身を投げた。しかし、弾力ある水柱のような何かに支えられ、電圧に触れたような衝撃を感じるや、何かある力によって元に抛り返された。彼は一瞬気を失ったが、ふと気づくと、崖ぶちから数歩離れた地面に跪いていた。彼の前にはおぼろな燐光に照らされて人影が浮かび上がっており、その雙つの眸が、耐えられぬような鋭い光で、彼の心を射貫いていた……。

射貫くようなこの雙眸が彼の目に映り、心の中からでもなく、外からでもなく、いずこからか、まるで押し潰されたような、それでいながら明瞭な、蓄音機さながらに金属的な暗いおそろしい声が響いてくる。この声が彼に告げる。「わがいとし子よ。いつだって俺はおまえを寵愛しておる。なぜおまえは俺を求めなかったのだ？　なぜあんな嫌な奴とその父親などを敬っていたのだ？　俺は神で、おまえの父なのだ。ところがあいつは乞食で磔になった——俺やおまえには縁のない奴なのだ。俺にはおまえのほかに息子がない。おまえは俺の血をひいたたった一人の息子なのだ。俺はおまえを愛しており、おまえに何も求めない。おまえはこよなく美しく、偉大で強い。俺のためではなく、おまえのためにおまえの仕事をするがよい。俺はおまえを妬みはせぬ。俺はおまえを愛している。俺はおまえからは何も要らぬ。おまえが神だと思っていた奴は、自分の息子に服従を、それも十字架の死にまでいたる無限の服従を要求し、しかも十字架上の息子を助けなかったのだ。俺はおまえに何も求めず、おまえを助けよう。おまえ自身のために、おまえの生来の長所や優秀さのために、そしておまえに対するこの俺の純粋で無欲な愛ゆえに——俺はおまえを助けよう。俺の霊を受け入れるがよい。むかし俺の霊がおまえを美のうちに産んだように、今度はおまえを力のうちに産み出そう」。未知なる者のこの言葉とともに超人の口は思わず開き、射貫くような雙眸が彼の顔のすぐそばに近寄ってくるや、鋭い氷の流れが身体の中に注ぎ込まれ全身に充満したのを彼は感じた。と同時に彼は、未曾有の力、雄雄しさ、軽やかさ、そして歓喜に満たされた。この刹那、煌く人影と雙つの眸は忽然と消え去り、何かが超人の身体を地上から持ち上げ、彼の邸内の玄関前にどさりと降ろした。

翌日、訪問客ばかりでなく、召使までもが、彼の異様な、何か霊感にでも満たされたような様子に目をみはった。しかし、書斎に閉じ籠り、超自然的スピードで軽快に、『全世界の平和と安寧への開かれた道』と題された例の名著を執筆している彼の姿を目にできたならば、もっとびっくりしたことであろう。

この超人の今までの著作や社会活動に対しては厳しく批判する人もいたが、もっともこれは大半が特に宗教的な人々であって、それゆえ何の権威も有さず、——私は反キリスト到来当時のことを語っているのだ——だから、この「来たるべき人」の書き語ってきたすべての中には真の素朴さや簡潔さ、誠実さが欠けており、ひときわ際立った、はりつめた自尊と自惚れの兆しが見られると指摘しても、彼らに耳を傾ける者は少なかった。

しかしこの新しい著作によって彼は、以前に自分を批判し敵視していた若干の人たちさえも味方に引き込むことになろう。断崖での珍事のあと脱稿されたこの書物は、以前の彼には見られなかった天稟の力を示すことであろう。この書は、あらゆる矛盾を包み込み和解させる何ものかとなろう。そこでは、古代の伝承やシンボルへの崇高な敬虔の念と広範で大胆でラジカルな社会的政治的要求や指令が、思想の際限ない自由とあらゆる神秘的なものへのこよなく深い理解が、絶対的な個人主義と公共の福祉への熱い心酔が、そして最も高邁な理想主義的指導原理と完全に確固として生き生きとした実践的解決が一つに結びついている。こういったものすべてが天才的な巧みさで統一結合されているので、いかなる偏向的な思想家や活動家でも、真理そのもののために何も犠牲にすることなく、真理のためにに現実におのれの自我を超克もせず、自分の一面性をいささかも実際には否定せず、一点たりともおのが見解の過ちを訂正せず、その欠点を何によっても補塡せずに、そのまま自分の個人的な狭い視野から容易に全体を見てとり、受容できるようになるだろう。この驚くべき書物は、ただちにすべての文明国と若干の後進国の言語に翻訳されるであろう。世界中の何千という新聞が一年中、この書の出版広告と批評家たちの賛辞で紙面を埋めつくすだろう。著者の肖像入りの廉価版が数百万部頒布されることとなろう。そして全文化世界――当時はこれは地球全体とほぼ同意語となっていよう――に、この比類ない偉大な唯一者を誉めたたえる声が満ちるだろう。この書に異を唱える者は一人もおるまい。それは誰にとっても完璧な真実の啓示のように思われるだろう。この書物では、いっさいの過去が完全に公平に扱われ、いっさいの現在が無私の全面的視野で評価され、そしてより良き未来がまざまざと手にとるように現在に引き寄せられることだろう。だからすべての人が云うだろう「これこそ我らに必要なそのものだ。これこそユートピアでない理想だ。これこそ空中楼閣でない企てだ」と。そしてこの奇跡の作家は、万民を魅了するばかりでなく、万民に受入れられ、このようにしてキリストのことばは成就されるであろう。

「わたしは父の名によってきたのに、あなたがたはわたしを受入れない。もしほかの人が彼自身の名によって来るならば、その人を受入れるのであろう」（ヨハネによる福音書五章四三節―訳者）まったくもって、受入れられる《プリニャートィ》ためには、心地よく《プリヤートヌイ》なければならないのだ。

確かに若干の敬虔な人々は、この書を絶賛しつつも、なぜここには一度もキリストへの言及がないのかとちょっと訝るだろうが、他のキリスト教徒たちが反論しよう。「結構じゃないか！　聖なるもののいっさいが、過去の世紀にあらゆる分不相応な狂信者によって使い古されちまったので、深く宗教的なこの作家は、いまやきわめて慎重にならざるをえないのだ。それにこの書の内容が、行動的な愛とすべてを包み込む博愛という真にキリスト教的な精神で貫かれているのだから、これ以上何が要るのだ」。そして全員がこれに同意するのである。

今までに世に出たすべての人々の中で最大の人気をこの著者に贏《か》ちえさせた『開かれた道』が公刊されてまもなく、ベルリンでヨーロッパ国家連邦の国際組織会議が開催されることになっていた。蒙古羈絆からの解放に引続いて勃発し、ヨーロッパの地図を著しく変えた一連の対外戦争と内戦のあとで創立されたこの連邦は、いまや国家間ではなく、政治的社会的党派間の紛争の危機にさらされていた。フリーメイソンの強力な結社に属していたヨーロッパ共通政治のボスたちは、共通の執政権力の不足を痛感していた。大変な努力を払って獲得したヨーロッパの統一は、いつまた崩れるかわからなかった。連邦評議会でも世界常任委員会（Comité permanent universel）でも、事態に精通している真正のメイソン員がすべての部署を占めるわけにはゆかず、そのため、全会一致の合意は得られなかった。常任委員会の独立メンバーが勝手ばらばらに協定を結び、新たな戦争が起こる惧れがあった。そこで「事態に精通している人々」は、充分な権能をもつ個人政権の樹立を決定した。

結社の秘密会員であるあの「来たるべき人」が有力な候補者となった。彼は世界中にその名を知られている唯一の人物だった。プロの砲兵であり大資本家でもある彼は、金融家や軍人のサークルと随所で深い親交を結んでいた。もっと文明の遅れていた他の時代なら、彼に反対して、その出生が深い闇に覆われているという事情が問題になったかもしれない。彼の母は、放埓な女で、南北両半球で浮き名を流していたし、彼の父親とみなされるに足る理由をもったあまりにたくさんのさまざまな人物がいた。もちろんこれらの事情は、最期を迎えざるをえぬほどに進歩を遂げた世紀には、何の意味ももちえなかった。

「来たるべき人」は、ほとんど全員一致でヨーロッパ連邦の終身大統領に選出された。彼が、超人的な若々しい美と力を燦燦と輝かせつつ演壇に登場し、霊感に満ちた雄弁な言葉で一般綱領を説明しおえるや、魅了され恍惚となった総会は興奮の坩堝のなかで、ローマ皇帝という最高の栄誉を、無投票で彼に授けることを決めた。万場の歓呼のうちに会議は幕を閉じ、この偉大なる選ばれし人はマニフェストを発布した。それは「世の民たちよ！　余は汝らに余の平和を授けよう！」と始まり、「世の民たちよ！　約束は成就された！　全世界にわたる永遠の平和が保障されている。この平和を侵害しようというあらゆる試みは、即座に不屈の抵抗を蒙るであろう。なぜなら、今からはこの世には唯一の中枢権力のみが存在するのであり、独立したものだろうと集結したものだろうと、他のいかなる権力よりもそれは強大なのだからである。何ものたりともこの権力を打ち破ることはできない。すべてに勝るこの権力は、ヨーロッパから全権を授けられて選ばれた余、ヨーロッパのすべての諸権力の皇帝たる余に属している。ついに国際法は、今日までそれに欠けていたサンクションを有するのである。今後は余が平和を唱えているかぎり、いかなる列強といえども戦争を主張することはできぬ。世の民たちよ、汝らに平和を！」と終わっていた。

このマニフェストは期待どおりの効果をあらわした。ヨーロッパ以外でもいたる所で、殊にアメリカで、強力な帝国主義政党が組織され、さまざまな条件のうえに自国を、ローマ皇帝統治下のヨーロッパ連邦に併合させた。まだ独立を保っていたのは、アジアとアフリカに点在する種族や国家ぐらいであった。皇帝は、少数ではあるが選りすぐった、ロシア、ドイツ、ポーランド、ハンガリー、トルコの軍よりなる軍隊を率いて、東アジアからモロッコまで遠征し、大した流血もなく、非服従国をことごとく征服する。彼はアジアとアフリカのすべての国に、ヨーロッパの教育を受け、皇帝に忠誠を誓った土着の王侯を総督として置く。驚嘆し魅了させられたあらゆる異教国の住民たちは、彼を最高神として誉めたたえる。一年で、正真正銘の全世界君主政体の基礎が固まる。戦争の芽は根元からつみとられた。全世界平和連盟は最後の召集を行ない、偉大な平和創造者に対して感激の頌辞を呈すや、存続理由なしとしてこれを解散した。

自己の治世の最初の年頭に、ローマならびに全世界の皇帝は、新しいマニフェストを発布する。「この世の民たちよ！　余は汝らに平和を約束し、それを授けた。しかし平和は安寧があってはじめて美しい。平和のもとで貧困の不幸に脅かされている者には、その平和も喜びではない。飢えと寒さに悩むすべての者よ、今すぐに余のもとに来るがよい、余は汝らを満腹させ、暖めよう」。ついで彼は簡単で総花的な社会改革案を公表するが、すでに彼の著書の中でその草案は述べられており、あらゆる高潔で真面目な知識人たちを魅了していた。全世界の財政と巨大な不動産を手中に収めた今、彼はこの改革案を貧者の望みどおりに、また富者からも表立った憤激をかうことなく実施することができた。すべての人はその能力によって評価され、そしてあらゆる能力はその勤労と功労によって評価されるようになった。

新しい世界支配者は何よりも慈悲深い博愛主義者《フィロゾーイ》であって、——そして博愛主義者のみならず、動物愛護主義者《フィロアントロープ》でもあった。彼自身が菜食主義者であって、生体解剖を禁止し、屠殺に厳しい規制を設け、動物愛護協会を全面にわたり奨励した。これらの瑣末事よりももっと重要なのは、もっとも根本的な平等——万民が満腹する平等が全人類に確立されたことである。治世二年目にこのことが成就した。社会問題経済問題は究極的に解決された。しかし餓えている者には満腹することが第一の関心事だが、満腹した者は何か他のものをほしがるものである。

普通、飽食した動物ですら、眠るだけでなく、遊びもしたがる。post panem（食後）つねにcircenses（見世物）を求めてきた人類にとってはなおさらのことである。

超人皇帝には彼の群衆に必要なものが解るであろう。この時、極東からローマの彼のもとに偉大な魔術師が、奇怪な史譚と野蛮なお伽噺の陰鬱な雲に包まれ、やって来るであろう。ネオ仏教徒たちのあいだに流布している噂によると、彼は、太陽神スーリヤとどこかの河のニンフとのあいだに生まれた神的な出自の者となろう。

名をアポロニイというこの魔術師は、半分アジア、半分ヨーロッパの血が混じった疑いもない天才で、in partibus infidelium（異教国における）カトリック司教であって、自分の中で、西洋科学の最新の成果と技術面での応用の習得を、東洋の伝統的な神秘学中の実際に奥深く重要なものすべてを利用する知識と能力に、驚くべきふうに結びつけるであろう。このような結合の結果は驚嘆すべきものであろう。なかでもアポロニイは、空中の電気を意のままに引き寄せ放電するという、半科学的半魔術的な技術にまでゆきつき、人々に天から火を降らせる男と言われるであろう。さまざまな未曾有の不思議によって群衆の度肝をぬきはしたが、それでもまだ彼は自分の力を何らかの特殊な目的のために悪用するまでには至らぬであろう。かくしてまさにこの男が、偉大な皇帝のもとを訪れ、真の神の子としてこの皇帝に跪き、東方の諸神秘書の中に、最後の救世主ならびに万有の審判者としてのこの皇帝に関する予言が見出されたと言明し、彼のために自分の身およびそのいっさいの技術を捧げようと申し出てしまうのである。彼に魅せられた皇帝は、天よりの賜物として彼を採用し、華麗な法衣を着飾らせ、もはやこれ以降彼と片時も離れることはなくなるであろう。かくして君主の恩に与った世の民たちは、万民の平和と万民の満腹のほかに、種々さまざまなびっくりする奇跡としるしとをたえず楽しめるようになるだろう。超人の治世の三年目は終わった。

政治問題と社会問題が順調に解決したあと、宗教問題が起こってきた。皇帝自らが、何よりもキリスト教との関係で、この問題を惹き起こしたのだ。当時キリスト教は次のような状況にあった。その構成員の著しい減少下に――地球全体で四五〇〇万人以下になっていた――、道徳的にはきりっと引き締まり、量の点で失われたものを質において獲得していた。キリスト教に対して何ら霊的な関心をもって結びついていない人々は、もはやキリスト教徒には数えられなくなっていた。いろいろな宗派もかなり平均して構成員を減らしていたため、宗派相互のあいだではおおよそ以前どおりの数的関係が保たれており、それら相互間の感情に関していえば、その敵意は完全な和解にはいたらぬにせよ著しく緩和され、対立も以前の鋭さをなくしていた。

教皇庁はすでにずっと以前にローマから追放され、方々を放浪したあげく、当市でも国内でも宣教を抑制するとの条件下に、ペテルブルグに安住の地を見出した。ロシアで教皇庁は著しく簡素化された。本質的に不可欠な機構やオフィスは変えぬまま、教皇庁はそれらの活動の性格を霊的なものとし、またその華麗な儀典や儀礼を最小限に簡素化せざるをえなかった。多くの奇妙で扇情的な習慣は、形式上はまだ廃止されてはいないが、おのずから用いられなくなった。その他のあらゆる国、なかんずく北アメリカには、カトリックの聖職階級の中に堅固な意志と不屈の精力、不羈の精神をもった多くの代表者たちがおり、以前にもましてカトリック教会の団結を強化し、教会のためにその国際的宇宙的意義を維持していた。

プロテスタンチズムに関しては、ドイツが先導しつづけており、とりわけイギリス国教会の大半がカトリック教会と合同したあとは、その極端に否定的な伝統から純化され、伝統の支持者たちは公然と宗教的無関心や無信仰へと移行した。福音派教会には本物の信仰者しか残らず、広い学識と深い信仰心、ならびに古代キリスト教の生活様式を自分たちのあいだに復活させようという、いやましに募る志向とを結びつけていた。

ロシア正教は、一連の政治的事件によって教会の公式的立場が変化したあと、名目上の贋教会員を何百万人も失いはしたが、代わりに古儀式派教徒さらには肯定的宗教傾向のたくさんのセクト信者の良質な部分と連結する喜びを味わった。新生したこの教会は、数の点では増加しなかったが、霊の力においては成長しはじめ、とりわけ、民衆と社会のあいだで増加した、デモーニシュで悪魔的な要素と無縁でない過激派セクトとの内部闘争において、その力を示した。

先ごろの一連の革命や戦争に愕然としかつ疲弊したすべてのキリスト教徒たちは、新しい治世の最初の二年間は、新しい君主とその平和的な諸改革に、一部は好意的な期待を抱き、一部は完全な共感や、さらには熱烈な歓喜をもって応じた。しかし三年目に大魔術師が登場するや、多くの正教徒、カトリック教徒、福音派教徒のあいだに由々しき危機感と反感が起こりはじめた。この世の王と反キリストについて語られた福音書や使徒書簡のテキストがより注意深く読まれ、活発に註解されだした。このような若干の兆候にかんがみ、皇帝は迫りくる脅威を察知し、迅速に事態を解明しようと決意した。

統治四年目の年頭彼は、宗派の別を問わず全ての信仰深いキリスト教徒にマニフェストを発布し、自分を議長とする公会議に、全権代表者を選出ないし任命するよう呼びかけた。この時皇帝の官邸はローマからエルサレムに遷された。パレスチナは当時自治区であり、主としてユダヤ人たちが居住し支配していた。エルサレムは自由都市であったが、この時点で帝都となった。キリスト教の聖跡はそのまま残されたけれども、一方ではビルケット・イスラインと現在の兵営から、他方ではエリ・アクス回教寺院と「ソロモンの厩舎」までのハラム・エシ・シェリフの高台全体に、一つの巨大な建造物が築かれ、その中には、二つの古い回教小寺院以外に、あらゆる信仰を統一するための広大な「帝国」神殿、および図書館、博物館、魔術の実験と練習用の特殊施設が付随した二つの華麗な宮殿が設置された。

神殿と宮殿が折衷されたこの建物の中で、九月一四日に公会議が開催されることになった。福音派には本来の意味での聖職階級がなかったので、キリスト教全宗派の代表に一定の同等さを与えるようにとのカトリックならびに正教聖職者団の上奏に応じて、信仰心と教会業務への献身で名を知られた若干数の平信徒が会議への参加を許された。だが平信徒が許される以上、下位の修道司祭や在俗司祭も除外するわけにはいかなかった。このようにして公会議メンバーの全体数は三〇〇〇人を超え、またほぼ五〇万人のキリスト教巡礼者たちが、エルサレムおよびパレスチナ全土に洪水のように溢れた。

公会議メンバーのうち特に傑出していたのは次の三名であった。まず教皇ペトロ二世で、公会議のカトリック側の公式の長であった。彼の前任者が公会議へ向かう途上で死去し、ダマスコでコンクラーベがもたれ、枢機卿シモン・バリオニナが全員一致で選出され、ペトロの法名を受けたのである。彼はナポリ地方の平民出身で、ペテルブルグとその周辺にのさばり正教徒ばかりでなくカトリック教徒をも誑《たぶら》かしていたある悪魔主義セクトとの闘いで多大な功をあげたカルメル修道会伝道師として名を馳せた。モギリョフ大司教についで枢機卿となった彼は、つねづね教皇の後任者と目されていた。齢は五〇歳くらい、太り肉《じし》に中背、太い眉に鉤鼻の赤ら顔の男であった。彼は情熱的でひたむきな人物で、熱をこめ身振り大きく語っては、聴衆を説得する以上に魅了するのであった。この新しい教皇は、全世界君主に対し不信と反感をあらわにしており、とりわけ公会議に向かっていた故き教皇が皇帝の強請に屈し、皇帝侍従にして世界的大魔術師である異国風司教アポロニイを枢機卿に任命してからというもの、その気持を強めていた。ペトロは、この男を疑わしげなカトリック教徒であり、疑いないペテン師だと考えていたのだ。

非公式にせよ実質的な正教会の指導者は、ロシア民衆のあいだにその名を轟かせているヨアン長老であった。公式的には彼は「引退」主教に列せられていたが、修道院などには籠らず、たえずあらゆる地方を遍歴していた。彼に関しさまざまな噂が飛び交っていた。ある者たちは、フョードル・クジミチ（訳註1）、すなわち今から三世紀ほど前に生まれた皇帝アレクサンドル一世が甦ったのだと断言していた。またある者たちはさらに遡り、これこそ長老ヨハネ（訳註2）つまり使徒ヨハネであり、不死の身だったのが、最期の時に臨み公然と姿を顕わしたのだと主張していた。彼自身は自分の出自や青年時代のことは何も語らなかった。今ではたいへん老齢だが、矍鑠《かくしゃく》たる老人で、巻毛と顎鬚は黄ばみ青味を帯びてさえいて、長身痩軀だが、頬はふくぶくしく微かに薔薇色を帯《は》き、瞳はいきいきと輝いて、話し振りや顔つきには感動的なまでに善良な表情が浮かんだ。彼はいつも白い聖衣と修道マントを着ていた。

公会議の福音派メンバーの長には、碩学のドイツ人神学者エルンスト・パウル教授がなった。この人は、広い額に尖った鼻の、顎をきれいに剃りあげた、痩せこけた低背の老人だった。彼の眼に特徴的なのは、激しくかつ温厚な一種独特の眼差であった。彼は始終手を揉み、頭を揺すり、怖いほどに眉を寄せ、唇を突き出した。その際には眼を輝かせ、陰鬱にとぎれとぎれの片言を発するのだった。「So! nun! ja! so also!（さよう、うむ、さよう、さよう）」と。彼は白いネクタイを締め、何か勲章のようなものをつけた裾の長い牧師用のフロックコートを厳かに着ていた。

公会議の開会式は印象的だった。「すべての信仰の統一」に献げられた巨大な神殿の三分の二には公会議メンバーのためのベンチやその他の座席が設けられ、三分の一は高いステージで占められ、ステージ上には皇帝玉座と、それより少し低いもう一つの玉座、偉大な魔術師――彼は枢機卿にして王室官房長でもある――の玉座のほかに、背後に、大臣や側近、宮内官らの肘掛椅子が数列並び、またその脇には用途不明のさらに長い複数列の肘掛椅子があった。コーラス隊の上方にはオーケストラが位置し、隣の広場では礼砲をうつために二連隊の近衛兵と砲兵隊が整列した。公会議のメンバーたちはすでにいろいろな教会で自分たちの礼拝を済ませたので、開会式は完全に世俗風に行なわれるはずであった。皇帝が大魔術師や随員を伴って入場するや、オーケストラも国際帝国国歌「統一せる人類のマーチ」を奏ではじめ、公会議の全メンバーは起立して、帽子を振りつつ、大声で「Vivat! Ypa! Hoch!（万歳！――ラテン語、ロシア語、ドイツ語）」と三唱した。

皇帝は玉座の傍らに立ち、上機嫌で手をさし伸ばすや、よく通る心地よい声で言った。「あらゆる宗派のキリスト教徒諸君！　わが愛する臣民にして兄弟たる諸君！　至高なるものがかくも奇しき栄えある御業をもって祝福したもうた余の治世の当初より、余は一度たりとも汝らに不満をおぼえるいわれを見出さなかった。汝らはつねに信仰と良心に従っておのが務めを果たしてきた。しかし余にとってはそれでは足りない。愛する兄弟諸君、汝らに対する余の衷心からの愛が互いの愛を渇望しているのだ。汝らが義務感からではなく、衷心からの愛によって、余のことを、人類の福祉のためになされているあらゆる事業における汝らの真のリーダーであると認めてほしい。そうしたら余は汝らに、万民のためになしている以外の、特別の恩恵を与えたく思う。キリスト教徒諸君、どうしたら汝らを喜ばせることができようか？　わが臣民としてではなく、信仰を同じくするわが兄弟として、汝らに何を与えたらよいのか？　キリスト教徒諸君、教えてくれ、汝らにとってキリスト教の中で一番尊いもの、余がそのために力を注ぎうるような尊いものとは何なのだ？」

　そこで彼は口を閉ざし待った。神殿中に鈍いどよめきが起こった。公会議のメンバーたちはひそひそ囁きあっていた。教皇ペトロは周囲の信徒達に、熱心に手振りをまじえ、何ごとかを説いていた。パウル教授は頭を振り、激しく舌を鳴らしていた。ヨアン長老は、東方教会主教とカプチン修道会修道士に、身を屈めて小声で何かを話しかけていた。

　皇帝は数分間待ち、同じ優しい口調で公会議に語りかけたが、そこには辛うじてそれとわかる皮肉な調子が響いていた。「親愛なるキリスト教徒諸君、汝らにとって率直に単一の答えを出すことが難しいことは承知している。この点でも余は汝らを助けたい。不幸にして汝らは、大昔からさまざまな宗派や分派に分裂してしまったので、おそらく共通に切望する一つのものがないのであろう。だが、もし汝らが相互に一致できぬとしても、余は、汝らのすべての宗派の全部に同じ愛を示し、それぞれの宗派の真実の希求をひとしくかなえる準備がある旨を知らしめ、そのことでそれらすべての宗派を一致させたいと願っている。——親愛なるキリスト教徒諸君！　余は知っている、汝らのうち多数にして末端にあらざる者たちにとって、キリスト教で一番尊いのは、その法的代表者たちに与えられている霊的権威である——むろんそれは彼ら個人の利益のためではなく、共通の福利のためにであるのだが――ということを。なぜなら、この権威の上に正しい霊的秩序と万民に欠かせぬ道徳的規律が築かれているからである。親愛なるカトリック教徒の兄弟諸君！　ああ、余には汝らの考えがよく解るし、余自身が何とかして汝らの霊的首長の権威にわが国を凭《もた》せ掛けたいと願ってきたのだ！　これが空世辞や空言ととられることのないように、ここに厳かに宣言する。わが専制の意志により、今日より以降、全カトリック教徒の至上司教すなわちローマ教皇は、コンスタンティヌス大帝よりはじまるわれらが先人たちによって曾て賦与されたすべての権利ならびにこの呼称と法座の特典を伴い、ローマにおいてその玉座に復帰せるものとする。その代わり余は、汝ら、カトリック教徒の兄弟たちに、余を汝らの唯一の庇護者であり後見者であると衷心より認めるべく求める。誠心誠意余をかようなる者とこの場で認める者は、余のもとへ来たれ」。そして彼はステージ上の空席を指し示した。カトリック教会の公侯、枢機卿、司教のほぼ全員と平信徒たちの大部分、それに修道士の半分以上が「Gratias agimus! Domine! Salvum fac magnum imperatorem（主よ、御身に感謝します。偉大なる皇帝陛下をお護りください）」という歓びの叫びをあげながらステージに上り、皇帝の方向へ恭しく礼意を示すや、肘掛椅子に腰をおろした。しかし下方の公会議場中央には教皇ペトロ二世が大理石像のように微動だにせずに端然と坐しつづけていた。彼を取り巻いていたすべてはステージ上にあった。けれども下方に残った修道士と平信徒の疎らな群れが教皇のもとに移動し、堅い円陣をなし、そしてそこから圧し殺した囁きが聞こえてきた、「Non praevalebunt, non praevalebunt portae inferni（悪魔の門といえどわれらを砕くことはできぬ)。」

皇帝はびっくりして不動の教皇を見下ろすや、再び声を高めた。「親愛なる兄弟諸君！　汝らのあいだに、聖伝承、古い信経、古い聖歌と祈禱、イコンと奉神礼式をキリスト教の内で最も尊ぶ人々がいることを余は知っている。そして事実、宗教心にとってこれ以上に尊いものがありえようか？　愛する人々よ、承知のとおり、今日余は定款に署名し、古代教会とりわけ東方教会のあらゆる遺物の蒐集研究保存のため、栄え高きわれらが帝都コンスタンチノーポリにおけるキリスト教考古学世界博物館に対する潤沢な手立てを講じたが、明日は、現代の生活様式、風習、習慣を聖正教会の伝承と規則に可能なかぎり近づけるために採るべき方策を余と共に審議する委員を、汝らのうちより選出していただきたい。正教徒の兄弟諸君！　余のこの意向が気に入り、衷心から余を自分たちの真の指導者、君主と呼ぶことのできる者は、ここへ上ってこられよ」。――すると東方と北方の正教会高位聖職者の大半、かつての分離派教徒の半数、正教の司祭、修道士、平信徒の半数以上が、歓声をあげてステージ上に上り、そこに誇らしげに着席していたカトリック教徒たちを横目で睨んだ。――しかしヨアン長老は動こうとせず、深い溜息をついていた。そして彼の周囲の群れがすっかり疎らになってしまうと、席をたち、教皇ペトロとその仲間の近くに移った。ステージに赴かなかった他の正教徒たちも彼に従った。

皇帝は再び口を開いた。「親愛なるキリスト教徒諸君、真理に対する個人的確信と自由な聖書研究をキリスト教で一番尊重している人々のことも、余は存じておる。これに関する余の見解を今さら述べる必要はあるまい。おそらくご存知と思うが、まだかなり若かりしみぎり、余は聖書批判に関する大部の著作を著した。それは当時若干のセンセーションを巻き起こし、余の名を知らしめるきっかけとなったものだ。そしておそらくこの件を記念してであろうが、先日チュービンゲン大学から名誉神学博士の学位を受けるよう要請がきた。余は、喜びと感謝をこめてこれに授かるむね返答するよう命じておいた。ところで今日余は、キリスト教考古学博物館とともに、あらゆる面からあらゆる方向で聖書を自由に研究し、かつあらゆる補助的学問を学ぶための世界研究所設立案に署名し、一五〇万マルクの予算を措置した。汝らのうち余のこの好意が心に適い、衷心から余を自分らの国家指導者と認める者はここへ、この新しい神学博士のもとへ来られよ」。そして、この偉大なる人物の美しい唇が何か奇妙な薄笑いで微かにひきつった。神学者たちの半分以上が、若干の躊躇と動揺を示しつつもステージの方へ移動した。全員が、まるで根が生えたように自分の席にじっと坐っているパウル教授の方をふり返った。彼は頭を低く垂れ、背を曲げてちぢこまっていた。ステージに上った神学者たちは狼狽した。ひとりが突然手を振り、階段を飛び越しまっすぐ落下すると、跛をひきひき、パウル教授と彼のもとに残った少数の人たちの方へと駆けだした。教授は頭を上げると、なにやら煮えきらぬ動きで立ち上がり、信仰を同じくする不動の人たちを伴い、空のベンチを通りぬけ、ヨアン長老と教皇ペトロのグループの近くに仲間とともに坐した。

公会議の圧倒的部分、なかでも東と西の教会の高位聖職者のほぼ全員がステージ上にいた。下方に残っていたのは、ヨアン長老、ペトロ教皇、パウル教授の傍らにぴったり身を寄せ合い固まっている三つの人群れだけだった。

皇帝は彼らに向かって悲しげな口調で言った。「汝らのためにまだこのうえ何をなしえようか？　不思議議な人たちだ！　何を余から望んでいるのか？　わからぬ。汝ら、キリスト教徒諸君、多くの自分の兄弟たちと指導者から見捨てられ、国民感情により非難された人々よ、自身で余に告げてくれ、汝らにとってキリスト教で一番尊いものは何なのだ？」

ここでヨアン長老が白い蠟燭のように起ち上がると、穏やかに答えた。「皇帝陛下！　キリストご自身――彼ご自身と彼に因るいっさいのものこそが、わしらにとってキリスト教で一番尊いものですのじゃ。なぜなら、この方のなかに神が肉体をとって満ち満ちておわすことをわしらは知っておりますからじゃ。だが、陛下よ、もし陛下の恵み豊かなみ手のうちにキリストの聖なるみ手を認めることができさえすれば、わしらにも陛下からあらゆる恵みを受ける心づもりはありますのじゃ。そこで、わしらのために何をなしうるかとの陛下のご質問に率直にお答えいたします。肉をとりて来たり、復活し、再び来たりたもう神の子、イエス・キリストを、たった今この場で、わしらの前で告白してくだされ。その告白をしていただければ、わしらは愛をもって陛下を、キリストの栄えある再臨の真の先触れとして受け入れるでありましょう」。語り終えると長老は皇帝の顔を凝視した。

何か不吉なことが皇帝の身に起こった。彼の心の中には、あの運命的な夜に体験したのと同じ恐ろしい嵐が吹き荒れていた。彼はまったく精神の均衡を失っており、外見上の沈着さを失くさぬように、焦って正体を暴露せぬようにと、その一点に思いを集中させていた。荒々しい唸り声をあげて相手に飛びかかり、歯を剥き出し咬みつきださぬよう、超人的な努力をしていた。突然聞き覚えのあるこの世ならざる声が聞こえた。「黙っておれ、何も恐れるな」。彼は黙っていた。ただ血の気のない暗く沈んだその顔は全体が歪んでしまい、瞳からは火花が迸りでていた。一方、枢機卿の緋袍を覆う途方もなく大きな三色のマントに、全身を包んで坐っていた大魔術師は、ヨアン長老の発言のあいだ中、マントの下で何かの操作をしていたらしく、その眼は一点に集中して燃え、唇は顫えていた。

開け放たれた神殿の窓から、巨大な黒雲が襲ってくるのが見え、まもなくあたり一面が暗くなった。ヨアン長老は、驚き見張ったその瞳を無言の皇帝の顔から離すことなく凝視していたが、突然恐怖に駆られて跳びのくと、後を振り向き圧し殺した声で叫んだ。「みなさんよ――反キリストじゃ！」この刹那、耳をつんざく雷鳴とともに巨大な稲妻が神殿中に閃き、長老を覆った。瞬間いっさいが止まり、気を失ったキリスト教徒たちが我に返ったとき、ヨアン長老は屍となって横たわっていた。

青褪めてはいるが冷静な皇帝は、会衆に向かって言った。「汝らは神の裁きを見た。余は何びとの死も欲しなかったが、しかしわが天の父は、そのいとし子に代わって復讐をなされたのだ。事は決した。誰が神と争うであろうか？　書記官たちよ！　記録せよ。全キリスト教徒たちの公会議は、神帝に愚かにも逆らった者が天からの火によって滅ぼされて以来、ローマならびに全世界の皇帝を、全員一致で自分たちの最高指導者かつ支配者として承認した」。

突然、大きな明瞭な一言が神殿中に轟きわたった。「Contradicitur（反対）」。教皇ペトロ二世が起立し、その顔を紅潮させ、全身を憤怒でわななかせ、皇帝の方向に笏杖を差し上げた。「われらの唯一の支配者は、生ける神の子、イエス・キリストである。だが汝が何者なのか——汝には分っていたはずだ。われらから去れ、弟殺しのカインよ！　去れ、悪魔の巣窟よ！　神のしもべたちのしもべたる我は、キリストのみ力により、汝、穢れたる畜生を、神の国より永遠に追放し、汝の父なるサタンへ委ねる！　アナテマ、アナテマ、アナテマ！」彼が語っているあいだ、大魔術師はマントの下で落ち着きなく身体を動かしつづけ、最後のアナテマの宣告よりも大きく雷鳴が轟きはじめ、そしてこの最後の教皇は息たえた。

皇帝は「かくしてわが父のみ手により、わが敵はことごとく滅びるであろう」と宣言した。顫えあがった教会の公侯たちは「Pereant, pereant!（滅びるだろう、滅びるだろう）」と叫んだ。皇帝はきびすをかえすと、大魔術師の肩に捉まりつつ、自分の側の人々全員に伴われ、ステージの後の扉からゆっくりと退場した。神殿には二つの屍と、恐怖に生きた心地もないキリスト教徒たちの密集した一群がとり残された。

動じなかった唯一の人物はパウル教授であった。全体にみなぎる恐怖が、精神のあらゆる力を彼のうちに呼び醒ましたかのようであった。外見的にも変貌し、堂々とした霊感に満ちた容貌になった。決然たる足取りで彼はステージに上ると、空いた宮内官席の一つに腰をおろし、一枚の紙をとると、何か書き始めた。書き終えると起ち上がり、高らかに読み上げた。「唯一の救い主、われらの主イエス・キリストに栄光あれ。エルサレムに集いし神の諸教会の公会議は、東方キリスト教の代表、至高の福者たるわれらの兄弟ヨアンが、大詐欺師にして神の敵なる者を、聖書に記されし真の反キリストなりと暴露し、また西方キリスト教の代表、至高の福者たるわれらの師父ペトロが、法に則り正当に彼を神の教会より永遠に破門したるのち、今、正義のために殺されしこれら二人のキリストの証人の遺体を前に決議する。破門されし忌むべき反キリストの群れとのいっさいの交わりを絶ち、荒野に去り、真の王、われらの主イエス・キリストが必ずや来たれるのを待ち望むものと」。群衆は勇気づけられ勇みたち、次々と大きな声が湧き起こった。「Adveniat! Adveniat cito! Komm, Herr Jesu, komm! Гряди, Господи Иисусе! (主よ、とく来たれよ! ——ラテン語、ドイツ語、ロシア語)」。

パウル教授は付記すると、読み上げた。「最後の公会議の、はじめにして終わりのこの決議書を全員一致で採択し、ここに自分たちの名を署名せん」。そして彼は会衆を手招いた。皆は急いで登壇するや、次々と署名した。最後にパウル教授は太いゴチック風の書体で署名した——Duorum defunctorum testium locum tenens Ernst Pauli (二人の死せる証人に代わりて、エルンスト・パウル)。そして彼は二人の死者を指して言った。「さあ、最後の契約のわれらの聖像匣《キブオート》とともに行こう」。

遺体は担架に乗せられた。キリスト教徒たちは、ラテン語、ドイツ語、教会スラヴ語で聖歌を歌いつつ、ハラム・エシ・シェリフの出口へゆっくりと向かっていった。出口で行列は、近衛小隊を率いる将校を伴う皇帝派遣の宮内官によって阻まれた。兵士たちが入口に立ちふさがり、壇上から宮内官が読み上げた。「神聖なる皇帝陛下のご命令。余は、キリスト教の民たちを覚醒させんがため、また動乱と誘惑を惹き起こした悪企みを抱く者たちよりその民を護らんがため、天の火により誅せられた二人の反乱者の死体を、彼らの実際の死を万民が確信できるよう、主の陵《みささぎ》にしてまた甦りとも言うべき、この宗教の主聖堂の入口のキリスト教徒通り（ハレト・エン・ナサラ）に曝すことを妥当とみなす。また、わが好意をことごとく悪念をもって拒み、神ご自身の明白な顕現に対し愚かにも眼を閉ざしている頑なな彼らの同類たちは、余の慈悲と天の父への余のとりなしによって、彼らに値する天からの火による死を免れ、自由に捨ておかれるが、社会の福利のため、彼らがその悪企みによって純真無垢の民たちを混乱させ誘惑することのなきよう、都市やその他の居住区に住むことを唯一の禁止事項とする」。彼が読み終わると、将校の合図で、八名の兵士たちが遺体を乗せた担架に近寄った。

「聖書のことばは成就されよう」とパウル教授が言い、担架を担っていたキリスト教徒たちは黙ってそれを兵士に渡した。兵士らは西北の門を通って立ち去り、キリスト教徒たちは東北の門を潜り町を出ると、オリブ山を通過してエリコへ馳せ赴いた。その道筋の群衆たちはすでに前もって憲兵と騎兵二個連隊によって追い払われていた。彼らは、エリコ付近の荒野の丘陵で数日間待機することになった。

翌朝、知り合いのキリスト教巡礼たちがエルサレムよりやって来て、シオンで起こったことを物語った。宮廷での正餐の後、公会議の全メンバーが巨大な王宮（ソロモンの玉座と推定される場所の近辺）に招待された。そこで皇帝はカトリック聖職団の代表者たちに向かって以下の提言をした。使徒ペトロのしかるべき後継者を早急に選出することが教会のために必要だが、時勢からかんがみてその選出は略式的なものにならざるをえず、だが全キリスト教世界の指導者かつ代表者である彼、皇帝が臨席すれば儀式の省略を補ってあまりあろう、そこで彼は、全キリスト教徒の名において、聖参事会に自分の愛する友であり兄弟であるアポロニイを選出するよう提案するのだが、それは、自分たち二人の緊密な結びつきが、共通の福利のための教会と国家の結合を堅固で不可分のものとするに相違ないからである。聖参事会はコンクラーベのために特別室に下がり、一時間半後に新しい教皇アポロニイとともに戻ってきた。一方選挙が行なわれているあいだ皇帝は、自らの言葉で、アポロニイには歴史上積み重ねられてきた教皇権力のあらゆる悪用を永遠に撤廃することができると保証し、キリスト教の歴史の新たなる偉大な時代をかんがみて旧来の争いに終止符を打つよう、正教と福音派の代表者たちを、穏やかに賢く雄弁に説得してまわった。この雄弁に説得された正教とプロテスタントの代表者は教会合同の決議書を作成した。そしてアポロニイが満場の歓呼のなか枢機卿たちと連れだって宮殿に姿を見せたとき、ギリシャ正教の主教と福音派の牧師がその決議書を彼に奉じた。アポロニイは書類に署名しつつ、「Accipio et approbo et laetificatur cor meum（受諾しますとも。喜びに堪えません）」と言った。「私は真のカトリック教徒であると同時に、真の正教徒でもあり真のプロテスタントでもあるのです」と言い足すと、彼はギリシャ人とドイツ人に親愛の情をこめて接吻した。それから彼は皇帝のもとに近づき、皇帝は彼を抱擁し、長時間抱きしめた。

このとき何やらきらきら燦めく点状のものが宮殿と神殿のあらゆる方向に浮遊しはじめ、次第に大きくなると、不思議な物体の輝く形に変わってゆき、またこの世では見たこともない花々が、えもいわれぬ芳香で空中を満たしながら舞いおりてきた。上空からは今までに聞いたことのないさまざまな楽器の、魂に直に滲み入り心を奪う恍惚たる響きが鳴り渡り、目に見えない歌い手たちの天使の声が、天と地の新しい支配者をほめたたえた。一方、イスラム教徒たちの言い伝えでは地獄への入口といわれている、中央宮殿のク、ベ、ッ、ト・エ、リ・ア、ル、ア、フ、つまり霊、魂、の、丸、天、井の下、北西の隅より恐ろしい地底の唸りが響いてきた。皇帝の招きに応じ会衆がそちらの方向に移動したとき、皆は無数の声を、か細く鋭い、子供の声とも悪魔のそれともさだめのつかぬ叫びを聞いた。「時は満ちた。われらを解き放て。救い主よ、救い主よ！」しかしアポロニイが岩にうち伏し、未知の言語で下方に向かって三度くり返し叫ぶと、声は黙し、地下の唸りも止んだ。その間に雲霞のごとき群衆が四方から集い、ハラム・エシ・シェリフを囲んだ。

夜が訪れ、「歓呼の嵐」が高まると、皇帝は新教皇と連れそって東の玄関口に出てきた。皇帝は四方に愛想よく挨拶し、一方アポロニイは枢機卿助祭より届けられた大きな籠から、彼の手が触れると燃えたつ華麗なローマ蠟燭や、真珠色した燐光色の、あるいは明るい虹色の狼煙や炎の噴水をひっきりなしに取り出しては空中に投げており、これらすべては地に落ちるや、過去現在未来のすべての罪に対する完璧で絶対的な免罪符を付した無数の色とりどりの紙片に変わった（原註8）。民衆の歓喜はその極みに達した。もっとも若干の者たちは免罪符がおぞましい蝦蟇《がま》蛙や蛇に変わったのをその目で見たと主張した。にもかかわらず、大多数は狂気乱舞し、この国民的祭典はなお数日間続き、しかも新しい教皇＝奇跡者は筆舌を絶する世にも不思議な信じがたい現象を現わすまでに至ったのである。

このときエリコの荒野の高台では、キリスト教徒たちが祈りと断食に耽っていた。四日目の晩、日没後、パウル教授は驢馬に乗った九人の仲間とともに荷馬車を曳いてエルサレムに忍び込み、脇道を通りハラム・エシ・シェリフの脇をぬけ、ハレト・エン・ナサラに出て、復活教会の入口に来た。そこの舗道に教皇ペトロと長老ヨアンの遺体が横たわっていたのである。この刻限町中がハラム・エシ・シェリフに出かけており、通りには人気がなかった。番兵たちはぐっすり寝入っていた。遺体に近づいた人々は、それらがまったく腐乱しておらず、硬直や浮腫さえ生じていないのに気づいた。

彼らは遺体を担架に乗せ、持参した外套で覆うと、同じ脇道を通って自分たちの所へ帰ったが、担架を地面に下ろすやいなや、死者たちに生命の息が吹き込んだのである。二人の死者は身を包んでいる外套を払いのけようとうごめいた。皆は歓声をあげ彼らを手伝いはじめ、復活した二人はまもなく、無事に傷ひとつないままに立ち上がった。甦ったヨアン長老は語りはじめた。

「ほら、みなさんよ、わしらは別れはしなかったのじゃ。さて今こそわしはあなたがたに告げよう。キリストがその弟子たちのことを、ご自身と父が一つであるように、彼らも一つとなるようにと祈られたあの最後の祈りを成就する時が来たのじゃ。そこでみなさんよ、キリストによるこの統一のために、愛するわしらの兄弟ペトロに敬意を表しましょうぞ。この最期の時に彼にキリストの羊を飼ってもらうのじゃ。さようですぞ、兄弟！」そして彼はペトロを抱きしめた。そこにパウル教授がやってきた。「Tu est Petrus!（あなたはペトロさんではありませんか）」――彼は教皇に向かって言った。「Jetzt ist es ja gründlich erwiesen und ausser jedem Zweifel gesetzt」（今やそれは根本的に証明されました。まったく疑いありません）」。そして右手で教皇の手を強く握り、左手をヨアン長老に差し伸べて言った。「So also, Väterchen, nun sind wir ja Eins in Christo（師父たちよ、かくして今や私たちはキリストにあって一つとなったのです）」。

　このように、暗い夜のさなか、人里離れた高台で、教会の統一が成就した。しかし突如として夜の闇は煌煌たる光に照らされ、天に大いなるしるしが現われた。ひとりの女が太陽を着て、足の下に月を踏み、その頭に十二の星の冠をかぶっていた（訳註3）。しるしはしばしそこにとどまっていたが、やがて静かに南の方向へ動いていった。教皇ペトロは笏杖を上げ、叫んだ。「あれこそわれらの教会旗だ！　いざ御旗につづけや！」――そして彼は、二人の長老とキリスト教徒の群れ全体を従えて、幻のゆく方向――神の山、シナイ山へと出発した……。

（ここで読み手は朗読を中止した）

原註8　この個所に関する序文の叙述を参照

貴婦人　なぜあなた、お続けにならないの？

Z氏　原稿がここで終わっているのです。パンソフィイ師父はこの物語を完結できなかったのです。彼はすでに病床にあり、「良くなりしだい」書こうと思っていたこのさきのことを私に語り聞かせてくれました。でも彼は快復せず、この物語の結末は彼と一緒にダニーロフ修道院に埋葬されてしまったのです。

貴婦人　でもあなた、彼から聞いたことを覚えておいででしょう——それなら話して下さいな。

Z氏　要点だけしか覚えていませんけど。キリスト教の霊的な指導者と代表者たちがアラビアの砂漠に去り、そこにあらゆる国から信仰篤い真理の擁護者たちの群れが合流してきたあとも、新しい教皇は、反キリストに失望しなかった残りのうわべだけのキリスト教徒たちを、その奇跡や珍しい魔術でほしいままに堕落させつづけることができたのです。彼は、おのが鍵の権能によりこの世とあの世とのあいだの扉を開けたと表明し、現に生者と死者、さらには人間と悪魔との交流が日常茶飯事となり、未曾有の神秘的淫乱や悪魔崇拝がはびこったのです。

ところが、皇帝が自分を宗教的基盤にしっかり立っていると考えはじめ、秘かな「父」の声の執拗な教唆にしたがい、自らを宇宙の最高神の唯一真なる化身だと宣言するや、思いもしなかったところから新しい災厄が彼にふりかかってきたのです。ユダヤ人が蜂起したのです。当時人口三〇〇〇万人にまで達していたこの民族は、超人の世界的成功の準備と強化に無縁とはいえませんでした。皇帝がエルサレムに遷都して、彼の主要な目的がイスラエルの世界統治を樹立することにあるとのユダヤ人のあいだの噂を密かに支持していた時は、ユダヤ人たちは彼をメシアと認め、皇帝へのその献身ぶりには限りがありませんでした。それが突然に憤怒と復讐の念にもえて蜂起したのです。聖書でも伝承でもはっきりと予言されたこの展開は、パンソフィイ師父にとっておそらくあまりにも容易にまざまざと思い描かれることだったのでしょう（訳註4）。要点は、皇帝を同族の完全なイスラエル人と思っていたユダヤ人たちが、彼が割礼さえ受けていないということをたまたま発見したことにあります。

その日のうちにエルサレム全市が、翌日にはパレスチナ全土が、蜂起で覆われました。イスラエルの救世主、約束されたメシアに対する熱烈で尽きることなき献身は、狡猾な詐欺師、高慢な僭称者に対する同じ程に熱烈で尽きることのない憎悪にとって替わったのです。ユダヤ民族全体が一丸となって起ち上がり、そして彼らの敵たちは、イスラエル人の魂がその奥底では銭勘定や蓄財神の欲によってではなく、誠心の力——昔から変わらぬメシア信仰の希望と憤怒によって生きているということを、驚きをもって知ったのです。このような爆発がすぐにも起ころうとは思ってもみなかった皇帝は、自制心を失い、服従せぬユダヤ人ならびにキリスト教徒全員を死に処すべしとの勅令を発布しました。武装するいとまのなかった何千何万という人々が容赦なく殺されてゆきました。しかしまもなく一〇〇万のユダヤ人軍団がエルサレムを占領し、反キリストをハラム・エシ・シェリフに幽閉しました。皇帝の配下には一部の親衛隊しかおらず、敵の大軍には抗しえなかったのです。

　皇帝は、おのが教皇の魔術に助けられ包囲軍の間をうまく抜け出て、ほどなく、さまざまな種族の異教の民からなる無数の大軍を率いてシリアにその姿を見せました。ユダヤ人たちは、勝算は薄かったけれど、これを迎え撃ちました。ところが、両軍の前衛部隊が激突しはじめるやいなや、皇帝軍が駐留していた死海近辺で未曾有の大地震が起こり、大火山の火口が開き、そして火炎の奔流が、一つの炎の湖に合流した後、皇帝自身をもその無数の軍隊をも、彼の傍らにぴたりと寄りそっていた教皇アポロニイをも、――そのあらゆる魔術も助けにならず――呑みこんでしまいました。

　一方ユダヤ人たちは、恐れおののき、イスラエルの神に救いを求めつつ、エルサレムへと駆けていきました。聖都が見えはじめたとき、天空が巨大な雷光によって東から西へと裂かれ、そして彼らは見たのです、天衣をまとい、釘痕のある両手を大きく広げてキリストが彼らの方へ降りてくるのを。このとき、シナイ山からシオンへと、ペトロ、ヨアン、パウルに先導されたキリスト教徒の群れが行進しており、また四方八方から歓喜に満たされたさらに他の群衆たちが馳せ参じていました。これは反キリストによって処刑されたすべてのユダヤ人とキリスト教徒だったのです。彼らは甦り、キリストとともに千年のあいだこの世を統治いたしました。

これによってパンソフィイ師父は物語を終わらせたかったのです。この物語がテーマにしているのは、宇宙全体の破局ではなく、反キリストの出現と繁栄と滅亡という点にある私たちの歴史の過程の大詰めにすぎないのです。

政治家　それであなたはその大詰めがもうすぐだとお考えなのですかな？

Z氏　舞台の上ではまだいろいろなお喋りや空騒ぎが演じられるでしょう。しかしドラマそのものはもうずっと以前に書き上げられており、観客にも役者にもそれをちょっとでも変えることは許されていないのです。

貴婦人　いったいこのドラマの究極的な意味は何なのでしょうか？　それに私やはり分からないのですけど、あなたのお話の反キリストは、本質的には善であって悪でないのに、なぜそんなにも神を憎むのでしょう？

Z氏　本質的ではないという点が問題なのです。ここにいっさいの意味もあるのです。「反キリストは一つの格言では説明できぬ」という前言を撤回します。彼のすべてが一言で、それもごくありふれた格言で説明できるのです。「輝くものすべて金にあらず」なのです。そもそもこの偽りの善にも、まったく有り余るほどの輝きがありますが、本質的な力は皆無なのです。

将軍　だがこの史劇の幕がどんな場面でおりたかに注目してもらいたいものだ。戦争の場、両軍決戦の場なのですぞ！　ほら、わしらの会話の結末もそのしょっぱなに戻っちまったわけだ。いかがですか、お気にめしましたかな、公爵殿？……おやおや！　公爵殿はどこですかな？

政治家　あなた、気づかなかったのですか？　ヨアン長老が反キリストを追い詰めた見せ場で彼はこっそり立ち去りましたぞ。そのときは私は朗読の邪魔をしたくなかったし、そのあとはそのまま忘れてしまいましたよ。

将軍　逃げ出しやがった。畜生め。これで二度逃亡しやがった。でもよく辛抱しておったわい。いずれにせよこの先生、もちこたえられなかったわけだ。やれやれ！

反キリストに関する短篇物語訳註

1　一八三六年頃からシベリアでその存在を知られるようになった長老フョードル・クジミチは、皇族に関する深い知識を持っていた。そのため、彼は、一八二五年に死去したはずの皇帝アレクサンドル一世が隠遁した姿ではないかとの風説が流れた。

2　「ヨハネの第二の手紙」一章一節より。「長老のわたしから、真実を愛している選ばれた婦人とその子たちへ」、この「長老のわたし」とは、使徒ヨハネのことである。他の弟子達はみんな死に、最後に生き残って老人となった自身を「長老」と称している。「ヨハネの黙示録」も使徒ヨハネが書いたとされ、ロシアではそれをもとに、長老ヨハネは終末論と結びつき伝説的な広がりをもって崇敬されたが、現在ではその説は信憑性が薄いとされている。

3　ソロヴィヨフは、「ヨハネの黙示録」二二章一節を一字一句変えることなく引用している。

4　ここでは、「ゴグとマゴグ」の物語が念頭におかれていると思われる。

＊『汎蒙古主義』の詩は最初『人生の諸問題』誌一九〇五年№8、二七頁と二八頁に掲載された。以下にその詩の全詩行を訳出しよう。

汎蒙古主義

汎蒙古主義！　呼称《よびな》は粗野なれど
その響き、吾には甘美。
恰も御神《みかみ》の偉大《おおい》なる運命《さだめ》の預言で
盈たされておるかのようで。

廃頽《くずおれ》しヴィザンチンで
御神の宮居は冷《さ》たく冷めた。
司祭《みやつこ》も公家たちも民くさだちも君主《きみ》だちも
皆悉く救世主《メシヤ》を否んだ。

その折しも　東《ひんがし》　の地で
名も知らぬ見知らぬ民の鬨の声。
重き宿命《さだめ》の武器《もののぐ》に
第二のローマは灰燼に帰す。

壊滅《ほろ》びしヴィザンチンの運命の

吾ら轍迹を踏みたくはない。
ロシアの阿諛者は繰り返し云う。
爾《おんみ》、第三のローマよ、爾、第三のローマよと。

捨て置くがよい。神罰の武器の
武器蔵はまだ空《うつお》にはなってはおらぬ。
新興の部族《うから》の羣れが
新たな襲撃の牙を磨く。

マレーの水際《みぎわ》よりアルタイ迄
東《ひんがし》の島の頭目たちが
老曝うた支那国の長城ぎわに
雲霞の如き軍兵《つわもの》を召し集《つど》わせた。

蝗の如く数限り無く
蝗の如く貪婪に
この世ならざる力をもって
北方部族に襲いかかる。

嗚呼　ロシアよ！　旧き栄光《はえ》など忘れ去れ！
双頭の鷲は砕かれた。
爾の御旗の切れ端は
黄色の童らの玩具になった。

愛の訓戒《おしえ》を忘れた民らは
怖じ恐れつつ屈し服した。
このように第三ローマは灰燼に帰し、
だが第四のローマはもはや興らぬ。

*最初、第一の会話は『週の本』（《Книжка Недели》）一八九九年十月号に「カンヌ、一八九九年五月十日（二十二日）」という日付入りで、第二の会話は、同誌九九年十一月号に「モスクワ、一八九九年十月十九日」という日付入りで、第三の会話は、同誌一九〇〇年、一、二月号に掲載された。雑誌掲載の段階では、これらの著作は『棕櫚の葉陰で。平和と戦争のわざに関する三つの会話』と題されていた。また、『反キリストに関する短篇物語』は、最初『週の本』一九〇〇年四月号に発表、『序文』は、『ロシア』（《Россия》）紙上に『偽りの善について』と題され、掲載された。単行本は一九〇〇年五月に聖ペテルブルグで出版されたが、その時の標題は次のごとくであった。『ウラジーミル・ソロヴィヨフ。戦争および世界史の過程と終末に関する三つの会話。反キリストについての短篇物語、

ならびに序文を付す』

なお訳出は、一九一二年『プロスヴェシチェーニエ』(《Просвещение》)版の全一〇巻ソロヴィヨフ著作集の第十巻によった。

最近の出来事について

——編集者への手紙

雑誌『哲学と心理学の諸問題』の最近号（五〜六月号）に掲載されたS・N・トルベツコーイ公の『三つの会話』に関する批評の中に、訂正を要すると思われる年代上の誤りが一つある。この尊敬すべき批評家は、常々厳格な学者として、自分の指摘が事実の点で正確なものであるようにと細心の注意をしておられる。したがって、この私の些細な訂正に対してもきっとまじめに注目して下さるであろう。

三六三頁に次のような記述が見られる。「V・S（ウラジーミル・ソロヴィヨフの頭文字——訳者）は、パンソフィイ教父の終末論が、その幻想性にもかかわらず、紀元一世紀の終末論とは異質なものであることに同意している。この偉大な修道僧（パンソフィイ）は、ニーチェやトルストイ、国家社会主義、さらにフリーメーソンや、中国での最近の出来事についてさえ何やかやと通暁しているのだ」概してこの指摘は私にはまったくあいまいなもののような気がする。そもそも、わが『反キリスト物語』の虚構の作者、修道僧パンソフィイは、想定上私達と同時代の人なのである。したがってその「終末論」は、トルベツコーイ公の言にあるように幻想的なものであり、また私に言わせてもらえばポジティヴなキリスト教原理への信仰に貫かれているものではあるが、そのあらゆる幻想的な外面という点でも、紀元一世紀の終末論とは何ら一致するはずがないのである。神学校を卒業していながら、ニーチェやトルストイや国家社会主義、フリーメーソンのことを何も知らない教養ある現代の修道僧を私は、どのような根拠に基づき、どのような動機により、どのような方法で想定したらよいのだろう？　だが私のあの物語の作者がこれらの諸問題を知らずにすますことができないとしても、逆に「中国の最近の出来事」に関してはまったく何も知らないこともありうるのだ。そもそもこの出来事を知るということは、ある熱心な市長が管轄下の警察に、火が見える半時間前にその火事全般に関する報告を出すようにと要求し、それに関して予想をたてるのとまったく同じことなのだ。

中国での最近の出来事に関して述べる時、トルベツコーイ公が頭に描くのは明らかに、ヨーロッパ人たちに対する中国民族の武装蜂起のことであろう。これは今年の五月中頃に勃発し始め、六月初旬には頂点をむかえた（六月五日にはドイツ公使が殺害された）。ところが、『反キリストに関する短篇物語』中に収録の、あの差し迫った中国の脅威に関する指摘を私は今年の四月二六日、ペテルブルグ・ドゥーマ会館での公開講義において語ったのである。そしてそれは翌日、『週の本』誌（原註１）の四月号でそのまま活字にふされたのである。ただ千里眼だけが、五月と六月に中国で起こった事件を四月中に知ることができる。しかしもし私がこの千里眼を持っていたなら、未来の歴史に関する私の叙述はもっと正確で詳しいものとなっていただろう。

原註1　五月に出版された単行本『三つの会話』の中の、汎蒙古主義および中国の動向に対する指摘を含んだ『反キリスト短篇物語』は、『週の本』誌四月号に掲載されたものと大差はない。

私は、中国の最近の出来事に関して、どのような認識も、つまり自然的な認識も超自然的な認識ももちろん有してはいなかった。また他の全ての人たちと同様、その記事を新聞紙上で読むこともなかった。しかし実際私は、これらの事件が脅威を増す以前に、それらを予感し予見していたのだ。そして、今年の四月よりももっとずっと以前、たとえば十年前の論文『中国とヨーロッパ』(『ロシア評論』誌一八九〇年)の中で私はそれらの予見を述べたのだ。

私が、迫り来る蒙古の脅威を特に強く予感したのは、一八九四年の秋(記憶に間違いがなければ十月一日のこと)、フィンランドのサイマ湖畔でのことであった。これによる示唆を受けて私は詩篇『汎蒙古主義』を若干の友に書き送った。その最初の四行は反キリスト物語のエピグラフに用いられている。

汎蒙古主義! 呼称《よびな》は粗野なれど
その響き、吾には甘美。
恰も御神《おおい》の偉大なる運命《さだめ》の預言で
盈たされておるかのようで。

極東で歴史的な異変が起こると思っていたのはもちろん私一人ではなかった。最近ではこのような見解は、『三つの会話』の序文で示したように、さまざまの人々によって分ち持たれている

（原註2）。そしてもし多くの人々が脅威の近づいていることを云々しているとすれば、私がそれらの人々よりもぬきんでているのは、悲しいことではあるが、その脅威がもうそこまで接近しており、今やまさに爆発の一歩手前まできている——大多数の人々はそれに気づいていないが——ということを最終的にセンセーショナルに指摘したからである（原註3）。

原註2　私の聞いたところによると、このことに関し、あるロシアの新聞紙上に著名な地理学者レクリューの教示的な見解が掲載されたという。私はそれを読む機会がなかったが、もしその教示が信頼に足るものなら、もう一人きわめてまじめな真理の証人がいることを私は嬉しく思う。

原註3　最も重要なことに関してこのように人々が不注意であるという現象について私はかなり古いある思い出を持っている。七〇年代の終わりと八〇年代の初頭に私はしばしば故カトコフと面会した。彼が編集をしていた『ロシア通報』誌に私の学位論文（『抽象原理批判』のこと——訳者）が掲載されたのだ。一八八一年三月、私はたまたま彼にペテルブルグ生活の中の信憑性ある出来事を語って聞かせた。彼はそれをある進歩的な論文の中で自己流に利用した。その話の中で私は次のように言った。「私の聞いたところによりますと三月一日の恐ろしい惨事（アレクサンドル二世暗殺事件——訳者）の翌日、ピョートル・イワノヴィチ・ボビチンスキイとピョートル・イワノヴィチ・ドブチンスキイがこの事件について話合い、ともにこれに特別の意義を付与せぬように決めたということですよ。」この現代のゴーゴリ流のヒーローたちと似たようなことが中国の〝事件〟に関しても言えるのだ。だが諸君！現代の「検察官」はすでにやって来ているらしいのだ。そして私は、あなたがたの家の敷居に憲兵が立って、今あなたがたに目をかけてやろうと招いているのを見ているのだ。

そもそも現在でさえ、万民が、あるいはせめて多くの者たちが、最初の一撃をくらったあとで訪れた不幸、突発した不幸の大きさならびにその力をことごとく正しく評価したことがあったであろうか？　数日間の張りつめた驚きのあとは、全てもとの木阿弥に帰してしまうのだ。事実、昔のことなど金輪際思い出しもしないなどというすべを会得した人がいるだろうか？　今までの歴史は、その舞台の上では、あやつり人形のように緩慢な動きを続けているにせよ、実際には完全に終わってしまったものなのだと悟った人がいるであろうか？　フランス革命とナポレオン戦争の時代は、関心の本質からいうとイスパニア継承戦争とかけ離れており、またわが国ロシアのピョートル大帝ならびにエカチェリーナ女帝の時代はモスクワ大公の昔とは限りなく異質なものである――それと同じように、いや、それよりももっとずうっと、今日訪れた歴史のこの時期《エポック》が、つい昨日の私たちのあらゆる歴史的な懸案事や諸問題からかけ離れているということを、理解した者が一体いるであろうか。

最近、世界の歴史の舞台は恐ろしく広汎なものとなっており、今や地球全域にまで至っている――このことは明白な事実である。これに応じて、この舞台上で起こる事件やこの舞台上で解決される諸問題というものがますますきわめて重要なものとなってきている――このことは誰でもが皆等しく明確に意識していることではないにせよ、やはり一般的に見て疑いの余地のないことである。しかし人類はどこに行きつくのか？　今日の地球上の住民の、現在のあらゆる力を全て包含したこの歴史的発展の結末はどのようなものなのだろうか？　月並みな進歩理論――今日の地上の生活という条件のもとで全体的な幸福を増し強めてゆくという意味での進歩理論――は、

S・N・トルベツコーイ公が言うとおり低俗なものにすぎない。この理論は、その理想の点から見て低俗なものである。あるいは退屈きわまりないお伽噺である。また、前提となっている歴史上の事実という点からみると、この理論は無意味なものであり、まったく不可能なものである。疲れ果てて世の中に失望してしまった中風の老人に、まだ彼の現在の生活およびこの世での安寧は無限に続くのだと告げてみたまえ……「お前さん、こんな安寧やこんな生活はもうたくさんだよ！ 余計な苦しみをせずに他の生き方をして、じきにくるおしまいの日まで恥をさらすことなく生き延びるってなら話は別だがね」

現代の人類は病みついた老人であり、世界の歴史はその内部で既に終わってしまったのだ——これは私の父が（セルゲイ・ミハイロヴィチ・ソロヴィヨフ、一八二〇〜一八七九、著名な歴史家、モスクワ大学教授、大著『古代よりのロシア史』の著者）好んで口にした考えである。そして、まだ若かった私はそれに反駁し、今後歴史上に出現してくるかもしれぬ新しい歴史的な力のことを弁じたてた。すると父はいつも、熱心にそれに喰いついてきたものだった。「さよう、お前に言うがね、その点が問題なんだよ。古代の世界が滅びた時、それにとって変わって歴史をつくり続けたのはゲルマン民族とスラヴ民族だった。現代お前は、そのような新しい民族をどこに見つけ出すんだね？ クックを殺しちまったハワイの島民かね？ おそらくやつらは、アメリカインディアンと同じように酒と悪い病いでもうずっと以前に滅びちまった民族だよ。それともニグロが私たちにとって代わるのかね？ 奴隷制から解放することはできても、奴らの愚鈍な頭をかえることは、その黒い皮膚を洗い落とすのと同様、不可能なことなのだ。」だが、当時ラサール（ドイツの社会学者、一八二五—六四——訳者）を熱心に読んでいた私は、次のように反論し始めた。人類はより良い経済機構によって改新されうる。新しい民族の代わりに、第四階級のような新しい社会層が登場しうるのだ云々と。すると私の父は、何かひどい悪臭をかぎつけたかのように、鼻をぴくぴく動かして反駁するのであった。このテーマについての父の言葉は私の記憶から消えてしまった。しかし明らかにその言葉はこの鼻の動きと一致するものであったのだ。そしてその動きは今でもまざまざと私の眼に焼きついている。新しい若い仮想上の民族のかわりに、年老いた中国人の顔をしたクロノス自身が突如歴史の舞台を占拠し、歴史の終末をそのはじめと似たものにしている今こそ、この古き歴史家は、自分の思慮深い経験豊かな見解がいかにはっきりとした根拠に基づいているものであったかを改めて思いしらされていることであろう！

歴史のドラマは、演じられ終わったのだ。あとにはただエピローグが残っているだけである。そしてそのエピローグは、イプセンの劇のように、第五場へとおのずから引き延ばされてゆくかもしれない。しかし、本質的なその内容はすでにあらかじめ知られ渡ったものであるのだ。

＊この論文の原題名の、По поводу последних ообытий. последний というロシア語には、「最近の」という語義とともに「最後の」という語義もある。おそらくソロヴィヨフは、世界の「最近の」歴史

的諸事件のなかに、歴史の「最後の」終末的兆候をみて、両語義を生かそうとして、この形容詞を表題に用いたのであろう。私は、とりあえず、「最近の」という語義の方を選んで訳出しておいた。

この論文は、ある新聞に載せるつもりで、一九〇〇年六月末〜七月初め頃に書かれたものを補筆して、編集部への手紙の形で『ヨーロッパ通報』（Вестник Европы）に渡したもの。同誌にこの論文が掲載されたのは、ソロヴィヨフの死後、九月号においてであった。なお訳出は『プロスヴェシチェーニエ』版ソロヴィヨフ著作集第十巻によった。

解説　ロシアにおける信仰の基層

鷲巣繁男

偶日、はしなくもソヴィエトからピンダロスの四大エピニキアと諸断片、それにバキュリーデースの頌歌《オード》の大断片を収めた露訳本が届いた。周知のやうに予約出版の制度をとつてゐるその国からは、忘れてしまつた頃に、注文品が届く。専門家でもなく、一詩人にすぎないわたしのやうな者でも、ああ、あの国でもかうした古典の釈述や紹介が進み、わたしの知らないかの地の若い詩人たちにも色々な刺戟を与へてゐるだらう、それはそれでよいことだ、思へばわたしが蝦夷地を去る少し前、ボオドレエルの『悪の華』の全訳が出たし、ホメーロスの二大叙事詩やもろもろの古代ギリシア詩もパラティナ詩集（ギリシア詞華集）ともども「世界文学大全集」の中のそれぞれ一巻として、既に十年余前に上梓されてゐるし、こちら（東京近傍）に来てからはトリスタン伝説のテキストが集大成されて、中々賑やかなやうである、と感慨に耽つた次第である。そのやうな状況の中で、しかし、ロシア人の思想の根柢にあり、且つぜひ理解してゐなくてはならぬ正教のことについては、その国の対宗教政策の故に詳しく知らされることが今も少なく、従つて、わが国のロシア文学者にとつても、理解への渇望は多いであらうし、知識不足をかこつことも多いであらう。言ふまでもなく、宗教となると、その中心は信仰そのものであり、単なる知識ではない。知識が幅をきかすやうになれば、パウロのいはゆる「知者はいづこに在るや、学者は何処にあるや?」の嘆きが立ち昇るのである。しかも、エレンブルグが言つたやうに、「エセーニンもパステルナークも、いやマヤコフスキーでさへも」教会の聖歌が市井の人々の肉体そのもののやうになつて、詩人たちを刺戟してゐたことを思はなくてはならない。

わたしは曾て白川静氏から中国古代の荘子について尺牘で示教を受けたことがあるが、そこでは白川氏の思索の中で、荘子といふ哲学者が、とかく考へられるやうな超俗の哲学者ではなく、多くの混迷する諸思想の中で悲痛な叫びをあげた人としてとらへられてゐて、彼は漆畑の役人をしながら単なる孤独な夢想に耽つてゐたわけではないことに思ひを致させられたのである。それは中国古代の政治的変遷と人民の悲鳴を伴つてゐるのではあるまいか。曾て崩壊し去つた殷の呪術的大帝国、それと文化的にも繋がつてゐた楚といふ国を考へなければならない。また一方、孟子は革命思想の鼓吹者として儒教の中で独自な位置をもつてゐるが、彼の言として伝はる「尽く書を信ずれば、書無きに如かず」も、おそらく次々に加上されていつた『尚書』に対して彼が抱いたであらう憤りを秘めてはゐないであらうか。『尚書』は中国古代の歴史と政治に関はる古典であるが、古い時代を扱つたものほど、後代に加上されたものであるといふ。彼はその加上されていく過程になまなましく生きてゐた人である。「書」とは元来『尚書』を指すものであつた。

一つの言葉や事象を理解し、且つ共感することはむつかしいことである。わたしが冒頭に掲げたピンダロスにしても、彼が壮麗な頌歌《オード》を創出した大詩人だとのみしてしまふのでは、この《神話の制作者》、《古代宗教の改革者》の真の意味を汲みとることはできないであらう。曾て呉茂一先生にピンダロスの祝勝歌をお訳しになるやう申上げたことがある。すると先生は微笑しながら、「神話が多く詠み込まれてゐるから、その注釈を一々つけなければならぬ」旨語られたことがある。神話が多いといふことは、神話に基づく宗教観の解明が必要であるといふことになる。ピンダロスの宗教観を支へてゐるのは、「神は正義である」といふことである。人間の歴史で、神と正義が同意味であるといふことは必ずしも正しくはなかつた。ネロの寵臣で詩人のルーカヌスはその『パルサーリア』の一七五行で、mensuraque iuris vis erat（而シテ力ハ正義ノ尺度ナリキ）と歌つてゐるが、この、ローマ共和制末期の内乱を扱つた叙事詩はカエサル派とポンペイウス派の闘争を謳ふものであり、アウグストゥスが遂にそれを収攬し、やがては彼自身神となるのも、悲惨な内乱から民衆を救ひ出したからであり、大詩人ウェルギリウスの『田園詩』や『農耕詩』にも多く示されてゐるところである。わたしはさきに或るエッセイ集の中で、古代オリエント（エジプト・メソポタミア）に於る多くの年代記を引き、キリスト教初期に発生したグノーシス派の思想や、やや遅れてのマーニー教などに触れて述べたことがあるが、善と悪の二元論的な苦悩はあらゆる時代に誠実な人々を悩ましたのである。

現代の人々の多くはグノーシス的思想にエキゾティックな興味をもつてゐるかに見える。しかし、皮相的な観察や早合点では、思はぬ誤解に陥つてしまふことを知らねばならない。キリスト教信仰の中核が「奉神礼」の式文の意味するところに在ると心得るべきである。《キリストの体である》ところの教会に参入しなくてはいかに多くの神学書を読み、また、宗教哲学の書を辿つたところで、彼は迷路に踏み入るばかりであらう。奉神礼は「リトゥルギア」であり、その中心はエウカリスティア（聖体礼式の中心部——領聖と云ひ、ラテン教会では聖体拝受）であり通常、リトゥルギア（ギリシア・ビザンティンで云ふレイトゥルギア）は聖体礼式あるいは聖体礼儀そのものを指す。エキメニュカル運動に尽し、ロシア宗教思想を多く紹介したパウル・エウドキモフは、ドストエフスキーの先駆者であるゴーゴリは終生を美の追究に費やしたが、その最後に到達したのがロシア正教の「聖体礼儀」であつたと力説してゐる。彼の最後の著書である Размышления о Божественной Литургии（聖体礼儀についての省察）は、その全集に当然ながら附されたものであつたに拘らず、現代の日本に紹介されてゐない。エウドキモフは熱を籠めて語る。——彼ゴーゴリは「神に憑かれ」「死にをののいた」者である。ゴーゴリにとつて窮極には「文学」よりも「聖体礼儀」の方が「美なるもの」・「至福のもの」であつた。ゴーゴリははじめドイツ・ローマン派の影響を受け、ローマに於てポーランドの大詩人アダム・ミツキィェヴィッチやイタリア人シルヴォ・ペルリコ、またパリに於てラコルデールのサークルの影響によつて、「社会《主義的》キリスト教」に入つたが、彼が特に勉学したのは、神秘家や教父たちの著作であつた——と。事実ゴーゴリが読むのを好んだのはビザンティンの聖ヨアンネス・クリマコスの『天国への梯子』であつたといふ。この Scala Paradisi はイエスの私生活の年数に応じての三十章あるいは段階に亙つて諸罪（一～二三章）及び諸徳（二四～三〇章）を論じたものであるが、ヨアンネスはそれに基づいて *ΚΛΙΜΑΞ*（クリマクス――梯子）と渾名されてゐる。彼は六～七世紀に亙つてシナイ山で修士及び隠修士として活動した教父で、聖カタリーナ修道院の院長にもなつた人である。十世紀以降に東方教会の神秘思想の中心となつたアトス山でグレゴリオス・パラマスが大成したヘシカズムはその源をここに仰いでゐるのである。シナイの思想は東西両教会ともに尊崇するところであつた。しかし、ゴーゴリが多くの西欧的な思想を彷徨した後に遂に天上の美の象徴であり具現であると観じた「聖体礼儀」を、最も古くからの言葉を保持し、且つ言葉による具現としての「伝統」を繋いできたのは東方教会であつた。教皇を中心とする《教会の権威》を法的に組織した西方は、たしかに表面は世俗の政治的権威に対するものとして東方で長く続いた神政政治的なものに対立するかに見える。たしかにビザンティン時代及びスラヴ人のツァールの介在はその痕跡を奉神礼の中に年に三回ある「王時課」の制度にも残してゐる。また、ビザンティン十世紀の文化皇帝コンスタンティノス七世の制定した『儀礼の書』の式文によつても、いかに皇帝の理念が教会の保護者であり、西欧の教皇に代るものと考へられてゐたかを知るであらう。聖体礼儀中今でも詠隊によつて歌はれる「ヘルビムの歌」といふ聖歌があるが、これは紀元五七四年ユスティヌス二世時以来のものであり、ハギア・ソフィアに於る聖体礼儀セレモニイがビザンティン帝国の総ての主要教会で模倣されたものであり、典礼の光耀は信仰に対

する正教の公認の可視的主張であつた。これは大聖入の前後に唱はれるものである。即ちこれを示せば、

我等謹ンデ、ヘルウィムニ則リ、ヘルウィムニ則リ、聖三ノ歌ヲ、生命《イノチ》ヲ施ス聖三者ニ献リテ、此ノ世ノ務メヲ退クベシ、退クベシ。（前半）

神ノ並居《ナミヰ》ル使ハ、見エズシテ荷《ニナ》ヒ献ル、万物ノ宰《ツカサ》ヲ、覆ヒ戴ケバナリ、アリルイヤ、アリルイヤ、アリルイヤ。（後半）

であり、教会の奉事に参入する者にとつては周知のことであるが、『ビザンティン聖歌史』の著者エゴン・ヴェレッスはこれについて「ここには、人間の眼には見えないところの、キリストの出現が、逸名の詩人のヴィジョンによつて信仰の心にもたらせられてゐる。詩人はその護衛を伴つた皇帝のやうに天使の軍によつて供奉された主《しゅ》を見るのである。讃歌は東方奉神礼に於ける《神秘的な入社式《イニシュエイション》》の要素をもち、啓示する。《ヘルビムの歌》を聴くことを人々に勧める時、歌唱者たちはもはや合唱隊の歌手たち（psaltae）ではない。彼等は九品からなる天の位階の第二位の天使ヘルビム（ケルビム）に体現してゐるのである。その発声は単に語る（λέγειν）のではなくして、歓喜に溢れて歌ふ（ὑμνεῖν）のである。」と言つてゐる。ゴーゴリも『省察』の該当個所で似た言葉を連ねてゐる。わたしはゴーゴリの書をフランス語に移したピエール・パスカルの Méditations sur la Divine Liturgie を頗る適切だと思ふ。それは「研究」ではなく、「瞑想」の語がふさはしいからである。彼が死に当つて小さな紙片に「復活せる魂をこそ。死せる魂では

なく、イイスス・ハリストスによつて指し示される以外に、他の門は無いのだ」としるしたといふことは意味深いことではなからうか。

聖体礼儀にあるのは「復活」の主題である。死は疑ふべからざる事実である。主日（日曜日）に奉事される聖体礼儀の典文のみならず毎日の時課を通じて誦される奉神礼の式文を見る時、「復活」の讃詞（トロパリ）によつてすべて構築されてゐることを人は知るであらう。永い世紀の間に東西教会ともにその典礼文が改められたり、加上されてゐることは事実である。東方教会に於てストゥディオン修道院の高僧や一般の民衆の歌が多くを加上したことは著しい。東方教会の現行聖体礼儀の基礎はシリア教会によつてその形を整へられたらしいことは、一年の大半が聖大バシレイオス（聖大ワシリイ）及び聖ヨアンネス・クリュソストモス（金口聖イオアン）の制定による伝承をもつてゐることでもうなづけよう。前者は四世紀のカパドキアの三教父の一人であり、且つ修道院組織の大功労者として崇められた人である。後者はアンティオケア学派の中心であつたのである。当時、西方に於ては聖アンブロシウスの典礼があつたが、これはリヨンを中心としたガリア典礼に連なるものであり、後年ローマ典礼に代られ、現在ではミラノに於てのみ行なはれてゐる。アンブロシウスの居たミラノは地理的にも東西の中間で、東方の諸教父たちと時代を同じうし、聖アウグスティヌスもその弟子であり、哲学との関はりで言へば新プラトーン主義が大きな力をもつてゐた。アリストテレース的思考が作用したのは主として近世であり、より詳しく言へば、中世以降の聖トマス神学であると言つてよい。西方から見れば、東も西も元来ローマ帝国であるのに、ビザンティンは途中から変質して非ローマ的になつたと見えたのかもしれない。近世の西方カトリック圏の僧にはギリシア語を「悪魔の言葉」とし、聖書がギリシア語で書かれてゐるにもかかはらず、これを学ぶことを禁じたといふが、ゲルマン族のヨーロッパ侵入以後、五世紀頃を境とし、西ヨーロッパではギリシア語の理解が絶え、言語の不通によつて東西思想の相互理解がさまたげられたのである。

さて、ロシアの思想家・文筆家は当然ながら教会及び聖体礼儀についてよく知つてゐる筈である。しかし、日本の読者はそのために彼等自らの内部に於る悩みを理解し得てゐるだらうか。たとへば、読者は、ベールイの長詩「ハリストスは甦りたまへり」を読み、更に近時普及されたベルジャーエフの論書のいくつかを読み、そこに強調されてゐる「終末論」に影響されて、正教の中心が終末論であると早合点することはないであらうか。ところが聖体礼儀の典文に於て、あれほど多量に旧・新約聖書からの引用・利用が多いのに、『ヨハネの黙示録』からの一節をも読むことはないのである。黙示録は即ち終末論ではない。しかし、後期ユダヤ教時代に於ては「エスカトン」の意識が濃厚で、外典・偽典の中の黙示録の多くも、時代の危機感を背景に成つたものと考へられてをり、『ヨハネの黙示録』が一番遅れて正典の中に入つたのは複雑な心理過程を経てであらう。聖体礼儀の空間は先づ生者のためのものであり、死者を中心とするものではない。勿論終末論には個人の終末論（死）と広義の終末論（即ち通常云ふ世界終末論）があることは周知のことである。正教の中心である聖体礼儀が復活を中心とするものであるといふ見地からならば、復活は恐るべき罪である死を前提とするから、終末論的であると言ふこともできる。

一般にアポカリプシスはエスカトロギアと殆ど同一視され、特に文学的に愛好されてゐるかに見える。おそらくそれは枠組として幻視・幻想が重んじられてゐるからであらう。しかし、正教に於る中心は「ケダシ、ナンヂハ慈憐ニシテ人ヲ愛スル神ナリ」であり、『ヨハネ第三書』に云ふところの「神ハ愛ナリ」に基づくものである。神より降る愛はアガペーであり、人が神を愛することではない。それは聖霊の力によるもので、パラクレートスはまたキリストそのものともなる。ロシア正教はビザンティン神学の伝統をひいて、愛をその中心とする。それは西方教会がともすると権威的であり法的であるのとは対照的である。

ひとはよくロシア人の二重信仰を云ふ。しかし、どのやうな民族でも固有の、あるいは既成の信仰をもつてをり、新しい信仰との習合は、教義や神学とは別個にかなり長く併存するものである。原始キリスト教の時代、キリスト教信仰は多くの信仰と習合したり併存したりした。民衆の間にはヘレニズム時代のオルペウス教が永く根強く残つてゐて、オルペウス＝キリストの像として、磔にせられたオルペウス・バッキコスがビザンティン時代の美術に遺つてゐる。キリスト教の聖歌は初めグノーシス派のバシレイデース派が担つてゐたと云はれる。発掘される多くの呪術的護符はキリスト教と異教の混合したものである。ギリシア圏に永く続いたアスクレーピオス呪術医療団と相拮抗したキリスト教の医療団はそれ故、魂の癒し手と肉体の癒し手を兼ねたのであらう。スラヴ人は聖体礼儀の典文にビザンティンのギリシア語と教会スラヴ語を殆ど直訳のやうにうつして使つてゐる。しかし、彼等は「神」（Богъ）といふ言葉は手離さなかつた。ギリシア語では神はテオスであり、大抵の教会用語はギリシア語からのものであるのに神を古来の「ボーク」としたのである。これは彼等の先祖がローマ帝国の外に遊牧民としてあつた時代以来の呼称である。また、「母なる大地」あるいは「大地の母」といふロシア人の好む言葉は抽象的な形容語ではない。「大地の母」（マーティ・シュラ・ゼムリヤ）とは具体的な神名なのである。また、白い神と黒い神の原始的二元論はおそらく彼等の先祖たちが遊牧民だつた時以来イラン系の善悪二元論の影響を受けたものであらう。さうした意味では終末論的意識がその底に無いとは言へない。しかしその二元論は単なる知識によつて齎されたものではない。ロシアに於る二重信仰は、わが国に初めて佛教が流入した時のやうに呪術的なメンタリティーとキリスト教との拮抗関係を経て生じたものであるが、それらについて云々する以前に、新しい宗教と国家及び民族の長く保持してゐたメンタリティーとの関係について深く考へねばならぬであらう。初期のキリスト教が従来の呪術的な思考とどのくらゐ闘つたか、肉体の癒しにしてもアスクレーピオス医療団との闘ひを想像することができる。しかし、聖書にも暗示されてゐるやうに、キリストに従つた人々の多くが熱心党に属する者あるいはそれに関はる者たちであつたことを思へば、終末論的待望も苛責なき弾圧に耐へる人々にとつてたしかに必要であつたらう。そのキリスト教でさへも、この世の不平等に対して明快な解答を与へることができなかつたらしい。或る奴隷がどうしてこのやうに我々は苦しむのかと問うた時、修道院僧の回答は「この世の不平等は中々解くことができない。

しかし、死後には天国で皆平等になり、そのやうな苦しみは解消される」といふ甚だ苦しいものであつたと伝へられてゐる。ローマ人は夥しい奴隷を使ふことによつてねそべつて美食に酔ふことができたが、奴隷とは物であり財産であり、わが国の律令制時（奈良・平安）より極端であつて、アウグストゥス帝の友人は池に飼ふ猛魚の餌にと、過ちを犯した奴隷を投げ入れた有名な事例が伝へられてゐるし、古代の史書によれば、マケドニアやヒスパニア、エチオピアの鉱山労働に使役した奴隷の補充に、ローマ帝国に従はない頑なキリスト教徒を送り込んだとも云はれる。

人間の救済への希みは切なるものがあり、初期キリスト教時代に起つた多くの異端は、元来単純なものであつたキリスト教に対する異議申告である。二世紀中葉のマルキオンが説いた愛は最も痛烈であり、キリスト教自体を危ふくするものであつた。即ち創造主の作り給うたこの世で悪が勝つてゐる事実に対し、彼はキリストを新しい「見知らぬ神」とし、創造の責任を負はぬ神であるとした。初期の教父テルトリアヌスは厖大な駁論書を著はしてこれと闘つたが、マルキオンが凡ゆる異端を通じて最大の巨頭とされたのは、彼が主の復活を否定したことであり、十字架上のイエスを仮現であるとしたことにある。今世紀の初めにプロテスタント神学の碩学ハルナックがマルキオンを弁護する書を著はしてから、マルキオンは再びクローズ・アップされたが、キリスト教の中心はその復活にあり、東方教会で今もそれを祭儀の中心に据ゑてゐるのは古代の信仰以来の玄義であるからである。西方教会も復活を祝ふが、むしろ主の降誕を祝ふのに比重を置きがちなことから、わが国に於てもキリスト教理解に大きな誤解を生ぜしめてゐる。これは神の子たるキリストの出現を祝ふ「神顕祭」のむしろ変形であるとさへ云へる。

以上、縷々とわたしが述べて来たのも、ソロヴィヨーフの『三つの会話』及び「反キリスト』を理解するために必要な前提となるために他ならない。『三つの会話』は最後の会話及び「反キリストに関する短篇物語」に一番重点がおかれたものであらうが、ここにある寓話は正教・カトリック・プロテスタンティズムのそれぞれをよく理解してゐたソロヴィヨーフがパロディめかして巧妙にしつらへたものである。その中心は勿論正教にある。カトリック教会はまづ権威として存在し、プロテスタンティズムは現在でもさうであるやうに、信仰そのものより知的分析に傾いてゐるのを読者はそれとなく承知するであらう。

ロシアはピョートル大帝の欧化政策以来、宗教の面に於ても大きな変化を受けた。総主教制度を廃して信仰を宗務院の下に置いたからである。教会は古来の伝統を守りながらも、その保存のために汲々とし、結局は政治権力に負けてしまつたのである。ピョートル以来の欧化政策によつてロシアには滔々として西欧の文化が入り、キリスト教も例外ではなかつた。正教はラテン教会の攻勢に必死に防戦したが、その或るものは遺制となつて今も見ることができる。例へばサクラメントであるが、その大部分は東西ほぼ同じやうな形をもつてゐるものの、その内実的な相違を思はねば、ただ似てゐるだけであるといふことに迷はされるであらう。人が病重く臨終に際して西方教会が病人に「終油の秘跡」をさづけることは文芸などでも承知のことであらう。「終油」は一回限りとされてゐる。この終油に対応するものは東方教会で「傅膏《ふかう》」と言はれてゐる。ただ、西方教会の秘跡《サクラメント》が権威と儀式に傾くものであるのに対し、傅膏の意義はあくまで油のもつてゐる癒しの力である。油は古代以来治癒の力をもつものと信ぜられた。旧約聖書の偽典の一つである『アダムとエワの物語』には、高齢で死に垂んとしたアダムがエワと子のセツにエデンに赴き生命の樹より油を貰つてくるやうに命ずる条りがある。だが、大天使ミカエルがエデンの入口を護つてゐて、「新しい神（キリスト）が現はれる迄は渡さぬと拒否するのであり、この書はスラヴの異端ボゴ・ミル派に伝へられてをり、またキリストの地獄降りを描いて有名な『ニコデモ福音書』の中のラテン語本ヴァリアントにもあるが、油が病ひの癒しに多く用ゐられたことは事実である。

イエルサレムのキュリロスの『聖体礼儀についてのホミリア』を見ても、古くはキリスト教の中心が「洗礼」と「領聖」にあつたことは事実である。近世のロシア教会はラテン教会の攻勢に対してサクラメントの教までもととのへたと言はれる。しかし、傅膏の例にあるやうに、病者に対する油の施しは神の権威（つまり司祭の権能）によるものでなく、あくまで、油本来の癒しの力によるものである原義に則り、一旦死に再び甦つた者でも更に死に垂んとする場合傅膏を施すことができるのである。

ベルジャーエフは『ロシア思想史』の中で、ソロヴィヨーフを「勿論社会的主題の門外漢ではなかつた。キリスト教社会の可能の問題が、彼を生涯悩ました。彼は世界の精神的一体性について根源的直観をもつ。また社会正義の有効な実現と、完全な社会の創造も問題になる。ソロヴィヨーフは自ら自由神政政体と呼ぶ独自のユートピヤ観念を抱く。神の国が地上でも樹立されることを信じ、その実現を求めた。神政政体と地上に於る神の国の可能性とに幻滅を感じたのは、漸く晩年に及んでのことである。」と言つてゐる。また「彼はロシア思想の他の代表者達とは正反対に、国家の積極的使命を認めた。但し、国家はキリスト教の原理に服すべきであると要求した。全宇宙の変貌こそソロヴィヨーフの夢であつた。社会問題は彼の場合第二の問題であつた。……」とも言つてゐる。

ソロヴィヨーフの父は高名な歴史学者であり、彼自身も歴史に関心が深かつた。悪の問題は当然そこから出てくる。悪に悩まない思想家や詩人などは何等魅力を有しないし、また価値もない。救済は悪よりの離脱である。原始キリスト教の時代、「カイン教派」といふものがあつて、『ユダ福音書』なるものを保持し、悪の力も神より出たものと説いた、と、リヨンの教父エーレーナイオスは、記してゐる。詳しい内容はわかつてゐないが、ユダの背きも、カインの殺人も至高の神の意志であるといふ意味であらう。初期キリスト教時代、教父たちはキリスト教を護るためギリシア哲学（プラトーン哲学）を学び、古い思考から論理的なものを摂取し、且つ遂には新プラトーン主義そのものとも闘つた。ピョートル大帝以来のロシア人は西欧から次々と入つてくる思想や哲学を摂取したが、それは丁度、初期キリスト教時に夥しく現はれたグノーシス主義に人々が揺れ動いたであらうことと似てゐる。十九世紀以来の諸思想をスラヴ派と西欧派に分けて考へるだけでは形式的である。

ソロヴィヨーフについてはニコライ・ロスキイもその『ロシア哲学史』で、ゼンコフスキーも『ロシア哲学史』や『ロシア思想家とヨーロッパ』で、更にベルジャーエフもその多くの著書の中で、また、ピエール・パスカルは『ロシア・ルネサンス』で大きく触れてゐるが、誤解してはならぬことは、彼が正教からローマン・カトリックに転向したのではないことである。十一世紀半ばの大シスマ以前、即ちエキメニュカルな時代にあつて、東方教会はその歴史的ななりゆきからも神学の発展に於て西方よりも遥かに深いものをもつてゐたけれども、ローマを多くの場合尊崇してゐた。単なる法的権威としてではなく、心情的にである。シスマ以来の対立を以てキリスト教の東西優劣を論ずることは真のキリスト教による宇宙変容には不毛な争ひ以外の何物でもあるまい。ソロヴィヨーフは四十七年の短い生涯の中で幾度も変身してゐるが、『三つの会話』はその最晩年の思想であると言へる。しかし、彼を絶えず動かしてゐたのは「ソピア」である。ソピアは「知慧」と訳してしまつてはその原義は喪はれて了ふであらう。それは Divine Wisdom であり Eternal Feminine である。

古代グノーシス派のコプト外典『エジプト人福音書』は「三つの力彼より来る。そは父、母しかして子なり」と冒頭近く述べてゐる。このうち「母」はソピアを意味するものと考へられてゐる。ソロヴィヨーフは「ソピア」を詩篇の中で屢々「女宰」(царицы) と表はしたのであらう。

御子柴道夫（みこしば・みちお）
一九四六年、長野県生。
早稲田大学文学部ロシア文学科卒。同大学院修了。現在、千葉大学教授。著書に『ロシア宗教思想史』（成文社）など。

鷲巣繁男（わしす・しげを）
一九一五〜八二年。横浜市生。
現代詩人会会員。『定本鷲巣繁男詩集』、歌集『蝦夷のわかれ』、評論集『イコンの在る世界』、小説集『路傍の神』ほか著書多数。

ソロヴィヨフ著作集　第五巻
三つの会話　戦争・平和・終末〔改訂版〕
一九八二年一月二五日初版第一刷発行
二〇一〇年一〇月一日改訂版第一刷発行
訳　者　御子柴道夫
発行者　桑原迪也
発行所　株式会社刀水書房
〒一〇一—〇〇六五
東京都千代田区西神田二—四—一　東方学会本館
電話（〇三）三二六一—六一九〇
印刷所　亜細亜印刷株式会社
製本所　株式会社ブロケード
ISBN978-4-88708-036-2